EBS 최고의 요리비결 김막업 선생님 편

1판 7쇄 발행 2017년 5월 23일

지은이 | 김막업
펴낸이 | 김선숙, 이돈희
펴낸곳 | 그리고책
주소 | 서울시 서대문구 연희로 192 이밥차빌딩
대표전화 | 02-717-5486~7
팩스 | 02-717-5427
이메일 | editor@andbooks.co.kr
홈페이지 | www.andbooks.co.kr
출판등록 | 2003. 4. 4 제 10-2621호

편집책임 | 이정순
편집진행 | 심형희, 이다인, 임정현, 김의미
마케팅 | 남유진, 김성은, 박진아
영업 | 이교준, 정강석
경영전략 | 박민하, 한가을

교열 | 김혜정
원고 정리 | 성윤정
사진 | 10+SIM STUDIO 심윤석, 허인영
푸드 스타일링 | 이현애
요리 어시스트 | 조미선, 허정숙
디자인 | 편집회사 미담
일러스트레이터 | gilja

제품 협찬 | 백설(www.beksul.net)
　　　　　　한국도자기리빙(www.livinghankook.com)
　　　　　　테팔(www.tefal.co.kr)
　　　　　　한돈자조금관리위원회(www.porkboard.or.kr)
그릇 협찬 | 광주요(www.kwangjuyo.co.kr)

값 12,800원
© 2012 그리고책
ISBN : 978-89-97686-12-4 14590
ISBN : 978-89-97686-13-1 (세트)

All rights reserved. First edition printed 2012.

* 이 책을 무단 복사, 복제, 전재하는 것은 저작권법에 저촉됩니다.
* 잘못 만들어진 책은 바꾸어 드립니다.
* 책 내용 중 궁금한 사항이 있으시면 그리고책(Tel 02-717-5486, 이메일 hunter@andbooks.co.kr)으로 문의해 주십시오.

EBS

쉬운 설명,
깊이 있는 팁,
딱 떨어지는 맛!

최고의 요리비결

김막업 선생님 편

그리고책
andbooks

1942년에 태어나서 지금까지 오직 요리에 대한 열정으로 '요리 외길 인생'을 걸어온 지 어언 40년이 넘은 것 같습니다. 무엇을 하든 정직하게 꾸준히 노력하면서 살아가라는 부모님의 가르침대로 뒤돌아볼 틈도 없이 요리에 온 힘을 쏟으며 지냈더니 세월이 이리 흘렀네요. 형편이 넉넉하지 않았던 어린 시절, 학원에서 요리를 배우거나 요리공부를 위해 유학을 간다는 것은 꿈도 꾸지 못했습니다. 그저 주변에서 쉽게 나는 제철 재료로 여러 가지 요리를 해주시는 어머니의 손맛을 유심히 관찰하고, 맛보고, 묻고, 열심히 따라 만들었습니다. 그렇게 어머니 어깨너머로 배운 것이 지금의 저 김막업을 있게 한 원동력이지요.

나이 칠십에 내 이름 석자 새긴 책을 내게 되니 마음 깊은 곳으로부터 생각나는 분들이 있습니다. 바로 광주요 설립자이신 故 광호(廣湖) 조소수 선생과 故 종규(宗珪) 윤규옥 여사예요. 다도문화에 조예가 깊은 윤규옥 여사께서 늘 해주시던 좋은 말씀 덕분에 자연스럽게 도자기에 대한 남다른 애정을 가지게 되었습니다. 그리고 오랜 세월을 함께하면서 광주요의 다양한 전통 도자기를 보고, 듣고, 느낄 수 있었지요. 모든 일에는 예와 법도가 있듯이 음식을 아무리 잘 만들어도 담아내는 그릇이 어울리지 않으면 만든 이의 정성도 무색해지는 법이지요. 저는 지금도 음식에 어울리는 그릇을 고르고 조화롭게 세팅하는 것이 요리하는 사람에게 굉장히 중요한 사명감 같은 것이라고 생각합니다.

나를 믿어주고 나와 함께하는 사람들에게 더 맛있는 요리를 알려주기 위해 요리연구를 거듭하던 2006년 어느 날, EBS최고의 요리비결에서 연락이 왔습니다. 광주요 분당점이 아닌 TV녹화 세트장에서 강의를 하게 된 거죠. TV 출연이 처음이지만 수강생들이 앞에 있다고 생각하고 열심히 강의하는 마음으로 평소처럼 자연스럽게 촬영했습니다. 대본과 조금 다르게 나가더라도 김지호씨가 잘 받쳐주었고, 김막업 할머니 특유의 웃음으로 잘 마무리가 되었더랬죠. 그후 꽤 오랜 시간을 박수홍씨와 함께 방송을 했는데요. 편안하게 방송을 할 수 있게 잘 맞춰준 박수홍 씨에게도 정말 고마운 마음이 듭니다. 지금 새로 호흡을 맞춘 윤형빈 씨도 큰손주 같아서 EBS 촬영을 가는 날이면 오랜만에 손주 만나러 가는 기분에 들뜨곤 합니다. 그리고 이제는 EBS에서 꾸준히 소개했던 요리 비결들을 하나의 책으로 소개할 수 있게 되어 정말 기쁩니다.

　오랜 시간 함께해온 앞치마를 보고 있노라면 지난 일들이 주마등처럼 지나가네요. 40년 세월, 앞치마에 남몰래 눈물을 닦을 때도 있었지만 즐겁고 보람된 일들로 흘린 땀방울을 닦은 시간들이 훨씬 많았습니다. 제 요리를 배우기 위해 부산, 대구 등에서 먼 길을 달려온 수강생들을 보면 몸이 아파도 언제 그랬냐는 듯 기운이 났으니까요. 저를 믿어주고 함께해주었던 많은 분들과 이 책의 영광을 함께하고 싶습니다. 아우회 김선현 회장님, 대구의 조혜정 요리선생님, 마실의 김재함 이사님, 박성혜 씨, 곽증강 씨, 임정자 씨 모두 감사합니다. 그리고 매번 요리수업 공지를 알려주고 광주요 분당점에 오시는 손님들께 요리수업 홍보까지 애써주는 조한누리 씨, 정말 고마워요. 수강생 김인숙 씨, 홍귀선 씨, 전희재 씨, 성명희 씨를 비롯하여 지금까지 저를 찾아와 주시는 수강생 모두에게 너무나 고맙다는 말을 전하고 싶습니다. 책 촬영하는 내내 서서 함께 고생한 조미선 씨, 허정숙 씨, 처음 기획부터 원고작업과 마무리까지 무척 애써준 광호의 성윤정 과장님, 정말 고생 많았어요. 너무 감사합니다. 마지막으로 저에게 크고 작은 일들이 있을 때마다 시장 보는 것부터 그릇까지 늘 세세하게 신경 써주시는 광주요 분당의 조정희 사장님께 정말 감사하다는 말씀 전합니다.

　이번에 책 작업을 하면서 하나의 책이 나오기까지 정말 많은 분들이 고생하고 애쓰시는 모습을 보았습니다. 촬영 중간중간 들러서 열심히 응원해주신 아름다운 김선숙 대표님, 손이 빠른 저 때문에 행여나 놓치는 내용이 있을까 봐 촬영 내내 최고로 집중하셨던 이원경 차장님, 꼼꼼하게 원고 정리를 진행해준 김아름 에디터님, 완성컷 멋지게 찍어주신 포토그래퍼 심윤석 실장님, 과정컷 찍느라 고생하신 포토그래퍼 허인영님, 멋진 담음새로 요리가 빛날 수 있게 만들어주신 스타일리스트 이현애 실장님… 모두 애써주셔서 고맙고 감사합니다.

　그리고 할머니 김막업을 사랑해주시는 많은 EBS 시청자 분들도 정말 감사합니다. 책에 있는 내용 따라 열심히 요리를 만들어서 맛있고 행복한 식탁을 차리셨으면 좋겠습니다.

김막업

CONTENTS

006 저자서문
012 계량법
014 감칠맛을 내는 최고의 육수와 홈메이드 소금

CHAPTER 1
정성 담은 매일 밥상

018 마늘종새우볶음
020 깻잎나물
022 마른파래무침
024 쇠고기청양고추쌈장
026 시금치무침
028 연두부파래찜
030 쑥연근전
031 톳무침
032 무말랭이무침
034 미나리두부무침
036 부추콩나물무침
038 열무된장무침
040 오삼불고기
042 표고버섯볶음
044 고구마줄기무침
046 김치볶음
048 콩나물겨자채
050 숙주나물샐러드
052 찹쌀가루파리고추멸치볶음
054 토마토상추겉절이

CHAPTER 2
최고의 국물 요리

CHAPTER 3
최고의 김치와 장아찌

058	쇠고기뭇국		090	새송이장아찌
060	어묵탕		092	오색물김치
062	오징어찌개		094	달래김치
064	콩탕		095	된장깻잎장아찌
066	해물된장찌개		096	파프리카물김치
068	황태해장국		097	황태채장아찌
070	김치전골		098	깻잎장아찌
072	생태찌개		100	열무물김치
074	쑥국		102	오이소박이
076	굴미역국		104	청경채김치
077	부추달걀탕		106	표고버섯깻잎장아찌
078	가지냉국		108	돌나물김치
079	양배추된장국		110	더덕장아찌
080	고등어탕		112	마늘양파장아찌
082	불고기버섯전골		114	마늘종장아찌
084	쇠고기대파국		116	오이김치
086	조갯살아욱국		118	오징어섞박지

CHAPTER 4
손맛 보양식

122	돼지고기북어찜
124	닭죽
126	가지구이쇠고기찜
128	무청홍두깨살장조림
130	부추더덕전
132	잣가루대하냉채
134	장어구이
136	장어찜메밀쌈
138	고등어김치찜
140	대구샤브샤브
142	돼지목살수육
144	코다리찜
146	굴죽
148	꽃게콩나물된장찜
150	생새우부추탕
152	쇠고기가지냉채

CHAPTER 5
추억이 담긴 밥상

156	김치돌솥비빔밥
158	꽈리고추가지찜
160	단호박전
162	쑥버무리
163	잔멸치밥
164	콩나물비빔밥
166	고등어된장조림
167	풋마늘된장무침
168	고추장떡
170	곤드레밥
172	꼬막채소무침
174	늙은호박범벅
176	단호박연근조림
178	동지팥죽
180	바지락칼국수
182	황태채무청볶음

CHAPTER 6
손맛 담은 별미 요리

- 186 감자전갈빗살구이
- 188 노가리조림
- 190 닭강정
- 192 멸치장산적
- 194 부추돼지안심구이
- 196 사과소스를 곁들인 육전
- 198 새우오이말이쌈
- 200 낙지볶음과 소면
- 202 단호박견과류찜
- 204 들깨소스깻잎손칼국수
- 206 쇠고기가지구이
- 208 콩나물돼지뒷다리살볶음
- 210 된장소스닭고기구이
- 212 매운찜닭
- 214 중국식해물볶음국수

CHAPTER 7
최고의 손맛 비법 &
손님상 차림

- 218 최고의 손맛 비법을 밝히다!
- 222 최고의 손님상 차리기

- 236 Index

계량법

요리를 하기 위해서 기본적으로 알아야 할 사항 중의 하나가 바로 계량법이에요.
계량은 서로 간의 약속이기 때문인데, 누가 재도 같은 양으로 측량할 수 있어야 레시피의 공유와 정확한 전달이 가능하죠. 언제 어느 때 요리를 하더라도 같은 맛을 내려면 나만의 레시피도 정확한 계량이 필수예요.
계량에서 사용하는 가장 기본 단위인 컵과 큰술, 작은술에 대해 알아볼까요?

계량컵 ★★★★

계량컵은 200ml를 기준으로 1컵이라 하는데요, 계량컵이 없을 때는 200ml 우유팩을 이용해서 우유가 들어 있던 부분에 눈금을 그어 간이용으로 사용해도 좋아요. 또는 일반 사이즈의 종이컵을 가득 채워도 1컵이 되지요.

똑같은 1컵이라고 하더라도 이것을 무게로 잴 때 물은 200g이지만 밀가루는 더 가볍고 기름은 더 무거워요. 그러므로 레시피를 보면서 부피와 무게를 동일시하는 착각은 하지 말아야 해요. 하지만 기본양념 중에서 식초나 간장과 같은 액체는 물과 거의 비슷한 양으로 보아도 좋아요.

계량을 할 때 위에서 아래를 보고 하면 정확도가 떨어지므로 반드시 눈높이를 눈금에 맞춰 계량하세요. 밀가루를 계량할 때는 밀가루를 체에 쳐 공기의 포집을 일정하게 한 뒤에 누르거나 뭉치지 않도록 숟가락으로 담아 위를 수평으로 깎은 뒤 계량을 하고요, 버터나 흑설탕처럼 덩어리가 지기 쉬워 컵에 담을 때 중간에 공간이 생기는 것들은 꼭꼭 눌러서 계량하세요.

그 외 알아두기 ★★★★

약간 소금이나 후춧가루 등을 약간 넣었다면 엄지와 검지로 살짝 집은 정도를 말해요.

필수 재료 필수 재료는 음식을 만들기 위해 꼭 필요한 재료를 말해요.

선택 재료 선택 재료는 있으면 좋지만 기본적인 맛을 내는 데는 크게 영향을 끼치지 않는 재료를 말해요. 비슷한 재료로 바꾸거나 생략이 가능해요.

양념 설탕, 식초, 간장, 다진마늘, 고추장 등 요리의 맛을 내기 위해 쓰이는 재료를 말해요.

'+' 표시의 의미
양념장, 소스, 드레싱 등 음식을 만들기 전에 미리 섞어 놓으면 좋은 양념이에요. 미리 섞어 두면 숙성되면서 맛이 어우러져 더 깊은 맛을 내거든요.

● 컵으로 계량하기

액체 분량 재기: 계량컵 1컵 / 종이컵 1컵 / 계량컵 ½컵 / 종이컵 ½컵
가루 분량 재기: 계량컵 1컵 / 종이컵 1컵 / 계량컵 ½컵 / 종이컵 ½컵

계량스푼 ★★★★

시판되는 계량스푼은 보통 1큰술, 1작은술, 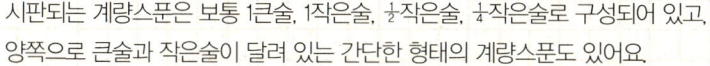작은술, 작은술로 구성되어 있고, 양쪽으로 큰술과 작은술이 달려 있는 간단한 형태의 계량스푼도 있어요.

큰술은 영어로는 테이블스푼(Table spoon)으로 실제로 밥을 먹을 때 식탁(Table)에서 사용하는 숟가락을 기준으로 만들었다고 해요. 물을 넣어 계량했을 때 15cc를 한 큰술이라 말하고, 작은술은 영어로 티스푼(Tea spoon)이라 말하는데 말 그대로 차를 마실 때 사용하는 숟가락을 기준으로 만들었어요. 한 큰술의 ⅓에 해당하는 5cc예요. 계량컵이나 계량스푼을 사용할 때 가장 중요한 것은 마치 물이 담겨져 있을 때와 마찬가지로 윗면을 언제나 평면 상태로 깎아 사용하는 것임을 잊지 마세요.

● 스푼으로 계량하기

가루 분량 재기

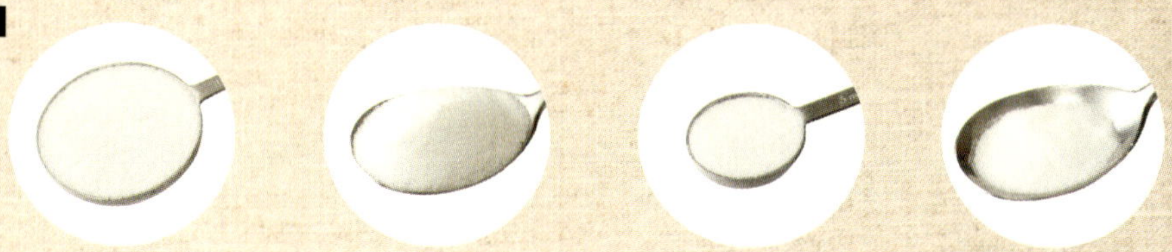

| 계량스푼 1큰술 | 밥숟가락 1큰술 | 계량스푼 1작은술 | 밥숟가락 1작은술 |

액체 분량 재기

| 계량스푼 1큰술 | 밥숟가락 1큰술 | 계량스푼 1작은술 | 밥숟가락 1작은술 |

장류 분량 재기

| 계량스푼 1큰술 | 밥숟가락 1큰술 | 계량스푼 1작은술 | 밥숟가락 1작은술 |

다진 재료 분량 재기

| 계량스푼 1큰술 | 밥숟가락 1큰술 | 계량스푼 1작은술 | 밥숟가락 1작은술 |

the best recipe 2

감칠맛을 내는 최고의 육수와 홈메이드 소금 만들기

국물요리의 맛을 좌우하는 육수와 모든 음식의 간을 담당하는 소금. 이 두 가지만 제대로 사용해도 요리의 품격은 달라집니다. 베테랑 주부도 몰랐던 육수와 영양소금 만들기. 지금부터 그 비법을 공개합니다.

멸치다시마육수

멸치와 디포리에 다시마를 함께 넣고 육수를 우려내는 것이 비법 육수 맛의 비결이랍니다. 멸치가 깔끔하고 담백한 국물 맛을 낸다면, 디포리(말린 밴댕이)는 멸치보다 깊고 진한 맛을 내요. 국물요리는 물론 조림, 볶음 등 다양한 요리에 활용되니 꼭 만들어보세요.

육수 1리터 기준

재료 : 물(7컵), 멸치(6마리), 디포리(3마리), 다시마(1장=10×10cm), 청주(1작은술), 황설탕(1작은술)

Tip 황설탕이 조미료 역할을 해 국물에 감칠맛을 살려줘요.

1 냄비에 물(7컵)과 멸치, 디포리, 다시마를 넣고 센 불에서 끓이고.

2 물이 끓으면 청주(1작은술)와 황설탕(1작은술)을 넣어 한 번 더 끓인 뒤 바로 불을 끄고.

3 2시간 정도 두었다가 건더기는 건져내고 맑은 육수를 걸러 마무리.

Tip
:: 넉넉하게 만들어서 냉장실에 3~4일 정도 두고 사용해도 되고요. 그때그때 만들어서 사용하면 더 좋아요.
:: 때에 따라 통마늘, 통후추, 대파, 양파, 표고버섯 등을 넣어 활용해도 좋아요.

홈에이드 영양소금

요리에 간을 맞출 때 빠지지 않는 소금.
이제는 내 손으로 직접 영양소금을 만들어 사용해 보세요.
인공조미료 없이도 감칠맛이 살아나는 요리를 만들 수 있어요!

재료 : 다시마(50g), 미역(30g), 물(5컵), 굵은 소금(2컵)

1. 냄비에 다시마와 미역을 넣고 찬물(5컵)을 부어 20~30분 정도 서서히 끓이고,

2. 우려낸 물이 4컵 정도의 분량으로 줄어들면 국물만 걸러 넓은 팬에 붓고 굵은 소금(2컵)을 넣고 센 불로 끓이고,

3. 끓으면 중불로 줄여 수분이 날아가도록 저어가며 계속 볶고,

4. 수분이 모두 증발하면 마무리.

매실청

새콤달콤한 맛을 내고 싶은 요리에 직접 만들어 더욱 안심할 수 있는 매실청을 사용해보세요. 매실이 제철일 때 많이 사서 담가 두면 두고두고 주방 안에서 요긴하게 쓰인답니다. 건강함이 돋보이는 엑기스는 천연 조미료로, 건더기는 입맛 돋우는 장아찌로 활용할 수 있으니 일석이조 아닌가요?

재료 : 매실(10kg), 황설탕(12kg), 항아리

1. 항아리는 깨끗이 씻어 물기가 없도록 햇볕에 잘 말려두고, 매실도 깨끗이 씻어 물기를 제거하고,

2. 항아리에 매실(5kg)을 넣고 설탕(6kg)를 부은 다음 남은 매실을 넣고 그 위에 나머지 설탕을 넣어 3일간 두고,

3. 3일 뒤 설탕과 매실이 고루 섞이도록 저어준 뒤 설탕이 완전히 녹아서 없어질 때까지 3일 간격으로 4~5회 정도 설탕과 매실을 섞어주고,

4. 설탕이 완전히 녹은 날로부터 100일 동안 상온에서 그대로 보관해 100일 뒤 매실액과 건더기를 분리하고 냉장 보관해 마무리.

↑ P44
→ P40

CHAPTER

i

정성 담은 매일 밥상

↑ P18
↑ P42

식당에서 사 먹는 가정식 백반과 엄마가 차려주는 집밥.
비슷한 메뉴지만 더 맛있는 것을 고르라면 당연지사 엄마의 밥상이겠죠.
매일 먹어도 질리지 않는, 그야말로 정성이 가득 담긴 밥상을 소개합니다.

두반장과 간장, 마른고추가 들어간 중화풍 반찬이에요.
보통 보리새우를 많이 사용하지만 이렇게 중하를 넣으면 일품요리 느낌을 낼 수 있어요.
밥반찬으로도 좋지만 맥주 한잔 곁들여 술안주로 활용해도 좋답니다.

마늘종새우볶음

READY | 4인분

필수 재료
마늘종(200g), 소금(1큰술), 새우(중하, 300g), 마른고추(3개)

선택 재료
다진 땅콩(2큰술)

양념
들기름(2큰술)

밑간
들기름(1작은술), 후춧가루(약간)

양념장
다시마 우린 물(3큰술)+진간장(1큰술)+맛술(3큰술)+두반장(1큰술)+물엿(1큰술)+후춧가루(약간)

TIP 보리새우를 사용해도 좋아요.

TIP 물(1컵)에 다시마(1장=10×10cm)를 넣고 2시간 정도 우려내요.

RECIPE

1 마늘종은 5cm 길이로 썰어 소금물(물 5컵+소금 1큰술)에 10분 정도 절여 건지고,

2 새우는 껍질을 벗기고 내장을 뺀 뒤 등 쪽에 칼집을 내 **밑간**하고,

3 달군 팬에 들기름(2큰술)을 두르고 마른고추를 잘라 넣고 약한 불로 볶아 향을 낸 뒤 마늘종을 넣고 센 불로 볶고,

4 마늘종의 숨이 죽으면 **양념장**을 넣어 볶고,

5 밑간한 새우를 넣고 볶아 마무리.

TIP 그릇에 담고 다진 땅콩(2큰술)을 솔솔 뿌려주세요.

깻잎나물

독특한 향이 고기와 잘 어울려 쌈채소로 사랑받는 깻잎.
들기름과 들깻가루를 더해 나물반찬을 만들어보세요. 고소한 향에 젓가락이 절로 갑니다.
깻잎은 데친 뒤 찬물에 씻어 물기를 완전히 없애야 양념이 싱거워지지 않아요.

POINT!

깻잎에는 철분과 비타민C가 풍부하게 들어 있어 빈혈 예방, 피부미용, 스트레스 해소에 좋고, 들깨에는 피부미백 효능을 지닌 로즈마린산과 루테올린이 들어 있어 기미, 주근깨의 생성을 억제해줘요.

READY | 4인분

필수 재료
깻잎(80장=300g), 소금(약간), 양파(½개)

양념
들기름(1큰술)

양념장
들깻가루(3큰술), 국간장(1큰술), 진간장(0.5큰술), 다진 마늘(2큰술), 들기름(2큰술), 통깨(약간)

RECIPE

TIP 바로 꺼내면 깻잎의 색이 시커멓게 변하니 잠시 뒀다가 건지세요.

TIP 통깨를 한꺼번에 섞으면 불어서 깨 모양이 미워지고, 씹을 때 고소한 맛이 덜하므로 양념장을 다 섞은 뒤 뿌려주세요.

1 깻잎은 끓는 물에 소금(약간)을 넣고 데친 뒤 찬물에 헹궈 물기를 짜고,

2 양파는 채 썰고,

3 통깨를 제외한 **양념장** 재료를 고루 섞은 뒤 통깨를 뿌리고,

4 깻잎과 양파에 양념장을 넣어 고루 버무리고,

5 달군 팬에 들기름(1큰술)을 두르고 양념한 깻잎과 양파를 넣고 센 불로 볶아 마무리.

마른파래무침

바다 향 물씬 풍기는 파래는 칼로리가 낮아 다이어트에 좋은 식재료랍니다.
쪽파 대신 풋마늘이나 미나리, 대파 등을 함께 넣어
보약 반찬으로 꾸준히 식탁 위에 올려보세요.

POINT!

파래에는 무기질과 비타민이 많을 뿐 아니라 니코틴의 독을 제거하고 폐를 튼튼하게 해주는 성분이 들어 있어 흡연자들에게 특히 좋아요.

READY | 4인분

필수 재료
마른 파래(10장=50g), 소금(약간), 쪽파(6대)

양념
올리브유(1큰술)

쪽파 양념
국간장(0.7큰술), 진간장(0.7큰술), 참기름(0.7큰술), 소금(약간), 통깨(약간)

파래 양념
국간장(1큰술), 진간장(1큰술), 참기름(1큰술), 통깨(약간)

RECIPE

1 마른 파래에 올리브유(1큰술)를 넣어 무치고,

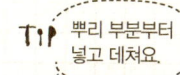
TIP 뿌리 부분부터 넣고 데쳐요.

2 끓는 물에 소금(약간)을 넣고 쪽파를 데치고,

3 데친 쪽파는 찬물에 헹군 뒤 세로로 반 갈라 큼직하게 썰고,

4 쪽파에 **쪽파 양념**을 넣어 고루 무치고,

5 달군 팬에 파래를 넣고 푸른빛이 돌 때까지 약한 불에서 저어가며 볶고,

6 볶은 파래와 쪽파에 **파래 양념**을 넣고 고루 무쳐 마무리.

쇠고기 청양고추쌈장

쌈밥 만들어 먹을 때 고추는 들러리로 등장하게 마련이지요?
고추가 메인이 되는 칼칼한 쌈장으로 색다른 쌈밥을 즐겨보세요.
풋고추와 붉은고추는 물론 청양고추까지 다져 넣어 매콤한 맛을 제대로 느낄 수 있답니다.

READY | 10인분

필수 재료
곰취(적당량), 양배추(적당량),
쇠고기(불고기용, 200g), 풋고추(30개=300g),
청양고추(50개=300g), 붉은고추(20개=200g),
멸치가루(2.5큰술), 쌈채소(적당량)

양념
들기름(⅓컵), 다진 마늘(5큰술), 소주(⅓컵),
진간장(½컵), 국간장(3큰술), 후춧가루(약간),
통깨(약간)

RECIPE

1 곰취와 양배추는 김이 오른 찜통에 넣고 8~10분간 쪄서 식히고,

2 쇠고기는 다지고, 풋고추와 청양고추, 붉은고추도 적당히 다지고,

TIP 들기름은 참기름에 비해 볶아도 영양 손실이 적고 고소해요.

3 냄비에 들기름(⅓컵)을 두르고 다진 마늘(5큰술)을 넣어 중간 불에서 볶고,

TIP 멸치가루를 넣으면 구수한 맛이 더해져요.

4 마늘이 어느 정도 익으면 다진 고추를 넣어 1분간 볶다가 멸치가루(2.5큰술)를 넣어 1분간 더 볶고,

TIP 소주 대신 청주를 넣어도 좋아요.

5 다진 쇠고기와 소주(⅓컵)를 넣어 2~3분간 더 볶고,

TIP 후춧가루를 뿌린 뒤 마지막에 통깨를 뿌려주세요.

6 진간장(½컵)과 국간장(3큰술)을 넣고 물기가 없어질 때까지 약한 불에서 저어가며 졸여 쌈장을 만들고,

7 쌈채소를 그릇에 담고 쌈장과 밥을 곁들여 마무리.

시금치무침

국이나 무침, 김밥에 빠지지 않고 등장하는 단골 식재료 시금치.
유부를 넣고 버무려 담백하면서도 고소한 맛을 살린 무침을 만들었어요.
붉은피망이 있다면 채 썰어서 함께 무쳐주세요. 붉은색이 포인트가 되어 입맛을 더욱 자극한답니다.

POINT!

시금치를 익혀 먹거나 참깨, 참기름을 넣어 요리하면 결석을 유발하는 시금치의 수산 성분이 중화돼요.

READY | 4인분

필수 재료
유부(6개), 소금(약간), 시금치(1단=450g)

선택 재료
붉은피망(½개)

양념
국간장(1큰술), 진간장(1큰술), 맛술(1큰술), 다진 마늘(1큰술), 다진 생강(0.5작은술), 후춧가루(약간), 참기름(약간), 깨소금(3큰술)

RECIPE

TIP 유부를 한번 데쳐서 사용하면 기름기를 줄일 수 있어요.

TIP 시금치는 찬물에 헹궈야 색이 선명하고 싱싱해 보여요.

1. 끓는 물에 유부를 데친 뒤 찬물에 담갔다 건져 물기를 빼고,

2. 달군 팬에 데친 유부를 넣어 약한 불로 노릇하게 구운 뒤 칼로 잘게 다지고,

3. 끓는 물에 소금(약간)을 넣고 시금치를 데쳐 찬물에 헹구고 체에 밭쳐 물기를 뺀 뒤 먹기 좋게 썰고,

4. 붉은피망은 채 썰고,

5. 시금치와 유부, 피망에 **양념**을 넣고 버무려 마무리.

the best recipe 2

연두부 파래찜

부드러운 연두부에 바다 내음 가득한 파래를 넣었어요.
소금으로만 간을 해 재료 본연의 맛을 살린 담백한 요리죠.
손님초대 시 작은 도자기 그릇에 담아 찜통에 쪄내면 따끈한 애피타이저로 좋답니다.

READY | 4인분

필수 재료
파래(100g), 대파 흰 부분(13cm), 은행(10알), 연두부(1모)

선택 재료
석이버섯(2~3장)

양념
소금(약간), 후춧가루(약간)

RECIPE

1 파래는 물에 가볍게 헹궈 체에 받쳐 물기를 뺀 뒤 꼭 짜서 곱게 다지고,

2 석이버섯은 따뜻한 물에 씻어서 깨끗이 손질한 뒤 돌돌 말아 잘게 채 썰고, 대파도 잘게 다지고,

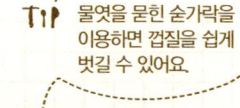

TIP 물엿을 묻힌 숟가락을 이용하면 껍질을 쉽게 벗길 수 있어요.

3 달군 팬에 식용유(1큰술)를 두르고 은행을 볶아 껍질을 벗기고,

4 파래에 연두부, 소금(약간), 후춧가루(약간)를 넣어 연두부가 으깨질 정도로 섞고,

5 그릇에 담은 뒤 다진 대파, 은행, 석이버섯을 올리고,

TIP 뚝배기를 사용하면 좋아요.

6 김이 나는 찜통에 넣고 4~5분간 쪄서 마무리.

the best recipe 2

쑥 연근전

READY | 4인분

필수 재료
쑥(75g), 연근(300g)

반죽 재료
쌀가루(1큰술), 소금(약간)

양념
올리브유(약간)

비타민 C가 많은 연근을 갈아 쑥과 함께 부쳐낸 연근전은
환절기 감기 예방에 좋은 음식이에요.
연근 대신 우엉이나 감자를, 쑥 대신 냉이를 넣어도 좋아요.

RECIPE

Tip 연근 껍질은 감자필러를 이용해 벗겨요.

Tip 올리브유를 너무 많이 두르면 연근전 특유의 고소함이 덜하고 느끼해 질 수 있으니 약간만 둘러주세요.

1 쑥은 30분 동안 물에 담갔다가 깨끗하게 씻어 잘게 썰고,

2 연근은 껍질을 벗기고 작게 썰어 믹서에 곱게 갈고,

3 간 연근에 물(1큰술), 쌀가루(1큰술), 소금(약간)을 넣고 고루 섞은 뒤 쑥을 넣어 섞고,

4 달군 팬에 올리브유(약간)를 두르고 반죽을 도톰하게 올리고 노릇하게 부쳐 마무리.

톳무침

READY | 4인분

필수 재료
소금(약간), 톳(300g), 무(1토막),
쪽파(7대)

양념장
설탕(1큰술)+진간장(1큰술)+
식초(2큰술)+멸치액젓(3큰술)+
다진 마늘(1큰술)+참기름(1큰술)+
통깨(1큰술)+깨소금(3큰술)+

칼슘과 요오드, 철 등의 무기염류가 풍부한 톳은
빈혈 예방과 다이어트에 효과가 있어 여성들에게 아주 좋은 식재료랍니다.
또 기름진 고기 요리를 먹을 때 톳무침을 곁들이면 입 안이 깔끔하게 정리돼요.

RECIPE

TIP 톳을 손으로 뜯어가며 넣어주세요.

1 끓는 물에 소금(약간)을 넣고 톳을 살짝 데친 뒤 찬물에 헹궈 물기를 빼고,

2 무는 채 썰고, 쪽파도 먹기 좋은 길이로 썰고,

3 **양념장**을 만들고,

4 톳과 무, 쪽파에 양념장을 넣고 버무려 마무리.

무말랭이무침

무말랭이를 다시마 우린 물에 불려서 감칠맛을 살렸어요.
매콤하고 아삭해 삼겹살이나 수육 등 고기요리와 함께 곁들이면 느끼함을 잡아준답니다.
소금물에 절인 오이는 키친타월을 이용해 물기를 완전히 빼야
나중에 물이 생기지 않고 오도독한 식감이 살아 있어요.

POINT!

무말랭이는 중국산이 국산보다 더 맵고 붉은색이 강하답니다. 무말랭이를 집에서 직접 만들 땐 따뜻한 방에 2일 정도 말리거나 통풍이 잘되는 베란다에 3일 정도 말리세요.

READY 4인분

필수 재료
무말랭이(100g), 다시마 우린 물(1컵), 쪽파(7대), 소금(0.5큰술)

선택 재료
오이($\frac{1}{2}$개)

양념장
채 썬 마른고추(2개 분량)+고춧가루(3큰술)+고운 고춧가루(1큰술)+국간장(3큰술)+진간장(3큰술)+배즙($\frac{1}{2}$개 분량)+마요네즈(1큰술)+고추장(1큰술)+물엿(2큰술)+후춧가루(약간)+참기름(약간)+깨소금(약간)

RECIPE

1 무말랭이는 찬물에 바락바락 씻어 물기를 꼭 짜고,

2 다시마 우린 물(1컵)을 부어 3분간 불리고,

3 쪽파는 5cm 길이로 썰고, 오이도 5cm 길이로 채 썰고,

4 쪽파와 오이를 소금물(물 $\frac{1}{2}$컵+소금 0.5큰술)에 10분 정도 절이고.

5 불린 무말랭이에 **양념장**을 넣어 버무리고,

6 절인 쪽파와 오이의 물기를 뺀 뒤 양념한 무말랭이에 섞어 마무리.

TIP 키친타월을 이용해 물기를 완전히 없애주세요.

미나리두부무침

향긋한 미나리와 고소한 두부가 만났어요.
두부는 물기가 거의 없도록 꼭 짜야 양념과 어우러져 담백한 맛이 살아나요.
고단백 저칼로리 영양반찬이니 다이어트 중이라면 두부의 양을 조금 더 늘려
한 끼 식사대용으로 즐겨보세요.

READY | 4인분

필수 재료
미나리(150g), 소금(약간), 단단한 두부(½모)

선택 재료
붉은고추(1개)

양념장
설탕(0.5큰술)+국간장(1큰술)+진간장(0.5큰술)+다진 마늘(0.5큰술)+후춧가루(약간)+참기름(약간)+통깨(약간)

RECIPE

1 미나리는 잎과 뻣뻣한 줄기를 떼어낸 뒤 끓는 물에 소금(약간)을 넣고 뿌리 쪽부터 넣어 데치고,

2 데친 미나리는 찬물에 담갔다 건져 물기를 제거한 뒤 5cm 길이로 썰고, 붉은고추는 다지고,

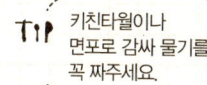

TIP 키친타월이나 면포로 감싸 물기를 꼭 짜주세요.

3 두부를 칼등으로 눌러 으깬 뒤 물기를 제거하고,

4 **양념장**을 만들고,

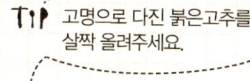

TIP 고명으로 다진 붉은고추를 살짝 올려주세요.

5 미나리와 두부, 붉은고추에 양념장을 넣고 조물조물 무쳐 마무리.

the best recipe 2

부추콩나물무침

부추는 기운이 없고 체력이 떨어졌을 때 기운을 북돋워주는 강장채소예요.
또 콩나물은 아스파라긴산이 풍부해 음주 후 속을 풀어주는 데 효과적이죠.
더운 여름철 무리한 음주로 힘들어하는 남편에게 부추콩나물무침으로 활력을 불어넣어 주세요.

READY 4인분

필수 재료
콩나물(300g), 들기름(1큰술), 부추(80g), 풋고추(2개), 붉은고추(1개)

양념
국간장(1큰술), 참기름(0.5큰술), 소금(약간), 후춧가루(약간), 깨소금(2큰술)

RECIPE

TIP 들기름을 넣고 삶으면 더 고소해요.

1. 냄비에 콩나물과 들기름(1큰술), 물($\frac{1}{2}$컵)을 넣어 김이 날 때까지 삶고,

2. 부추는 5cm 길이로 썰고,

TIP 풋고추와 붉은고추의 비율은 2:1이 좋아요.

3. 풋고추와 붉은고추는 씨를 뺀 뒤 채 썰고,

4. 삶은 콩나물에 부추, 풋고추, 붉은고추를 넣어 섞고,

5. **양념**을 넣고 잘 버무려 마무리.

열무된장무침

열무는 혈압을 안정시켜줄 뿐 아니라 기억력 향상과 시력보호에도 좋은 식재료예요.
또한 된장에는 단백질과 지방, 탄수화물이 골고루 들어 있어
데친 열무와 함께 무쳐내면 비싼 영양제 부럽지 않죠.

READY | 4인분

필수 재료
소금(약간), 열무(300g), 쪽파(10대=100g), 붉은고추(3개), 다진 땅콩(½컵)

양념
통깨(약간), 참기름(약간)

양념장
멸치다시마육수(½컵), 마늘(6쪽), 생강(1쪽), 설탕(1큰술), 고춧가루(1큰술), 된장(2큰술), 매실청(1큰술)

RECIPE

TIP 열무는 뿌리 부분부터 먼저 넣고 숨이 죽을 때까지 데쳐요.

1 끓는 물에 소금(약간)을 넣고 열무와 쪽파를 살짝 데친 뒤 건져 얼음물에 담가두고,

2 열무와 쪽파의 물기를 제거한 뒤 5cm 길이로 썰고,

3 붉은고추는 반 갈라 씨를 제거한 뒤 채 썰고,

4 믹서에 **양념장**을 넣어 갈고,

TIP 통깨는 손으로 부숴가며 넣어주세요.

5 열무와 쪽파, 붉은고추에 양념장을 넣어 무친 뒤 다진 땅콩, 통깨(약간), 참기름(약간)을 넣고 버무려 마무리.

the best recipe 2

오삼불고기

오징어와 삼겹살에 매콤한 양념을 넣어 볶아낸 오삼불고기.
여러 종류의 버섯과 파프리카, 양파를 큼지막하게 썰어
함께 넣었더니 더욱 먹음직스러워요.
오징어가 없다면 양념의 분량을 ⅔로 줄여서 제육볶음으로 즐겨보세요.

READY 4인분

필수 재료
마른 표고버섯(3개), 오징어(1마리), 삼겹살(150g), 파프리카(½개), 양파(½개), 대파 흰 부분(10cm), 청양고추(1½개), 붉은고추(½개), 팽이버섯(½봉지), 쑥갓(15g)

선택 재료
목이버섯(20g)

양념장
고춧가루(3큰술)+진간장(2큰술)+맛술(2큰술)+다진 마늘(2큰술)+다진 생강(1작은술)+고추장(2큰술)+매실청(2큰술)+참기름(2큰술)+포도씨유(0.5큰술)

양념
참기름(2큰술)

RECIPE

TIP 마른 표고버섯 대신 생표고버섯을 데쳐 넣어도 좋아요.

TIP 양념장에 포도씨유를 넣으면 고기가 부드러워져요.

1 마른 표고버섯과 목이버섯은 찬물에 담가 20분 정도 불린 뒤 먹기 좋게 썰고,

TIP 오징어에 칼집을 내면 양념이 잘 배고 부드러워요.

2 오징어는 내장과 껍질을 제거해 먹기 좋은 크기로 썰고,

3 삼겹살은 키친타월로 감싸 핏물을 뺀 뒤 먹기 좋은 크기로 썰고,

4 오징어와 삼겹살, 버섯에 **양념장**의 ⅔ 분량을 넣고 버무려 30분 정도 재우고,

5 파프리카는 큼직하게 썰고, 양파는 굵게 채 썰고, 대파는 어슷 썰고, 청양고추와 붉은고추는 반 갈라 작게 썰고,

6 달군 팬에 참기름(1큰술)을 두르고 양념에 재운 재료를 넣어 센 불로 볶다가 나머지 양념장과 양파, 대파를 넣어 볶고,

7 파프리카, 팽이버섯, 쑥갓을 넣어 볶다가 고추와 참기름(1큰술)을 넣고 살짝 볶아 마무리.

표고버섯볶음

피망과 양파, 표고버섯이 어우러져 예쁜 색감을 뽐내는 반찬이에요.
양념을 최대한 절제해 버섯 자체의 맛을 살리는 것이 포인트랍니다.
채소를 너무 작게 썰면 모양이 살지 않으니 큼지막하게 썰어 먹음직스럽게 담아내세요.

READY 4인분

필수 재료
표고버섯(8개), 양파(½개), 소금(약간), 청피망(1개), 붉은피망(1개), 마늘(5쪽)

양념
들기름(2큰술), 국간장(1큰술), 진간장(1큰술), 후춧가루(약간), 통깨(1작은술)

RECIPE

1 표고버섯은 3등분하고, 양파는 큼직하게 썰고,

2 소금물(물 1컵+소금 약간)에 표고버섯과 양파를 넣어 35분 정도 절인 뒤 물기를 빼고,

3 청피망, 붉은피망은 씨를 제거해 적당한 크기로 썰고, 마늘은 얇게 썰고,

4 달군 팬에 들기름(2큰술)을 두르고 마늘을 약한 불로 볶다가 표고버섯과 양파를 넣어 센 불로 볶고,

5 국간장(1큰술), 진간장(1큰술), 후춧가루(약간)를 넣어 볶고,

6 피망을 넣고 한 번 더 볶은 뒤 통깨(1작은술)를 넣고 버무려 마무리.

the best recipe 2

고구마줄기무침

고구마줄기무침에 오이피클을 다져 넣어 상큼한 맛을 더했어요.
연두부는 물기를 꼭 짜 부드럽게 칼로 으깨 넣어보세요. 식감이 훨씬 부드러울 거예요.
연두부가 없다면 일반 두부를 사용해도 괜찮아요.

READY | 4인분

필수 재료
고구마줄기(150g), 소금(약간), 양파(½개), 피망(½개), 붉은고추(1½개), 연두부(150g)

양념장
진간장(0.5큰술)+식초(0.5큰술)+다진 마늘(0.5큰술)+다진 양파(1큰술)+다진 오이피클(2큰술)+매실청(0.5큰술)+참기름(0.5큰술)+소금(약간)+후춧가루(약간)+통깨(약간)

양념
소금(약간)

RECIPE

TIP 채소를 데칠 땐 단단한 줄기 부분부터 넣어야 골고루 데쳐져요.

1 고구마줄기는 껍질을 벗겨 끓는 물에 소금(약간)을 넣어 데치고,

2 찬물에 헹궈 물기를 뺀 뒤 적당한 크기로 썰고,

3 양파, 피망, 붉은고추는 채 썰고,

4 양념장을 만들고,

5 고구마줄기, 양파, 피망, 붉은고추에 양념장을 넣어 섞고,

6 연두부는 물기를 꼭 짠 뒤 칼로 부드럽게 으깨 섞어둔 재료에 넣고 소금(약간)으로 간해 마무리.

김치볶음

밥반찬으로 먹는 김치볶음과는 조금 다른 조림에 가까운 김치볶음이에요.
밑간한 돼지고기를 두부와 함께 김치에 돌돌 말아 만들었어요.
냄비에 정갈하게 담아 자작하게 조려내면 일품요리 부럽지 않답니다.

READY | 4인분

필수 재료
배추김치(½포기), 돼지고기(앞다리살, 100g),
두부(½모), 느타리버섯(80g), 대파(½대)

밑간
소금(0.3작은술), 청주(0.5큰술), 다진 마늘(1큰술),
다진 생강(0.5작은술), 후춧가루(약간), 참기름(약간)

양념장
멸치다시마육수(1컵)+설탕(0.5작은술)+
고춧가루(1큰술)+고추장(0.5큰술)+매실청(1큰술)

양념
들기름(1.5큰술), 다진 마늘(2큰술), 다진 양파(1.5큰술),
다진 청양고추(1.5큰술), 다진 붉은고추(1큰술),
통깨(약간)

> **TIP** 매실청에 들어 있는 피크산이 고기의 잡냄새를 없애주고, 유기산은 소화를 돕고 고기 맛을 살려줘요.

RECIPE

1 배추김치는 밑동을 자르고, 돼지고기는 **밑간**하고,

2 두부는 적당한 크기로 썰고, 느타리버섯은 가닥으로 뜯고, 대파는 어슷 썰고,

3 배추김치에 밑간한 돼지고기와 두부를 올려 돌돌 말고,

4 달군 냄비에 들기름(1.5큰술)을 두르고 다진 마늘(2큰술)과 다진 양파(1.5큰술)를 볶다가 **양념장**을 넣어 끓이고,

5 바글바글 끓으면 약한 불로 줄여 말아 놓은 김치와 다진 청양고추(1.5큰술), 다진 붉은고추(1큰술)를 넣어 조리고,

6 느타리버섯, 대파를 넣고 한 번 더 끓인 뒤 통깨(약간)를 뿌려 마무리.

the best recipe 2

콩나물 겨자채

콩나물과 피망을 이용해 알록달록 색이 예쁜 겨자채를 만들었어요.
콩나물 줄기와 피망에는 비타민 C가 풍부해 감기 예방에 그만이랍니다.
식초 양을 줄이고 레몬즙을 넣었더니 상큼함이 한층 살아나요.

READY | 4인분

필수 재료
콩나물(150g), 청피망(½개), 붉은피망(½개), 다진 땅콩(1큰술), 다진 잣(1큰술)

선택 재료
다진 파슬리(약간)

겨자소스
설탕(0.5큰술)+식초(0.5큰술)+레몬즙(½개 분량)+연겨자(0.5큰술)+다진 마늘(0.5큰술)+유자청(0.5큰술)+소금(약간)+후춧가루(약간)

RECIPE

Tip 콩나물 데칠 때 소금을 넣으면 질겨져요. 또 뚜껑을 계속 열거나 덮고 데쳐야 비린내가 안 나요.

1 콩나물은 머리와 꼬리를 떼고 끓는 물에 뚜껑을 열고 데친 뒤 찬물에 여러 번 헹궈 체에 밭쳐 물기를 빼고,

2 청피망과 붉은피망은 채 썰고,

3 달군 팬에 채 썬 피망을 살짝 볶고,

4 겨자소스를 고루 섞고,

5 콩나물과 피망에 겨자소스, 다진 땅콩, 다진 잣을 넣어 고루 버무리고,

6 그릇에 담고 다진 파슬리를 뿌려 마무리.

the best recipe 2

숙주나물 샐러드

숙주나물에 토마토와 양파를 넣어 이국적인 맛과 향을 낸 샐러드인데요.
숙주나물을 데치지 않고 다른 채소와 함께 볶아 숙주나물 자체가 갖고 있는 수분을 끌어내
아삭한 식감을 살리는 것이 포인트예요.

POINT!
영양부추는 단백질과 칼슘, 칼륨 등을 함유해 혈액순환을 돕고 항균, 항산화 효과가 있어 동맥경화와 당뇨에 좋아요.

READY | 4인분

필수 재료
숙주나물(150g), 영양부추(80g), 레몬(½개), 토마토(½개), 양파(½개)

양념
올리브유(1큰술), 소금(약간), 후춧가루(약간), 참기름(0.5큰술)

RECIPE

Tip 찬물에 담가두면 갈변을 막고 아삭함도 살릴 수 있어요. 얼음물에 담가두면 더 좋아요.

1 숙주나물은 찬물에 10분 정도 담갔다가 체에 밭쳐 물기를 빼고.

2 영양부추는 5cm 길이로 썰고, 레몬은 껍질째 반달 모양으로 썰고, 토마토는 씨를 제거해 굵게 다지고, 양파도 굵게 다지고.

3 달군 팬에 올리브유(1큰술)를 두르고 양파와 토마토를 넣어 센 불에 살짝 볶고.

4 숙주나물을 넣어 볶다가 소금(약간), 후춧가루(약간)로 간하고.

5 불을 끄고 부추와 참기름(0.5큰술)을 넣어 잘 섞고.

6 그릇에 레몬을 돌려 담고 숙주나물 샐러드를 올려 마무리.

the best recipe 2

찹쌀가루 꽈리고추멸치볶음

찹쌀가루에 버무린 멸치와 꽈리고추를 따로 볶아 양념장에 무쳐낸 반찬이에요.
멸치는 4~5cm 크기로 골라야 멸치향이 풍부하고 씹는 식감이 부드러운데요.
아주 작은 멸치가 아니라면 내장을 제거해야 씁쓸한 맛이 나지 않으니
볶음을 만들기 전 머리와 뼈, 내장을 잘 제거해주세요.

READY | 4인분

필수 재료
꽈리고추(150g), 찹쌀가루(1컵), 멸치(50g)

양념장
고춧가루(2큰술)+멸치액젓(2큰술)+다진 마늘(1큰술)+다진 생강(1큰술)+후춧가루(약간)+통깨(약간)

양념
진간장(1큰술), 들기름(6큰술)

RECIPE

TIP 마른 가루를 사용할 땐 물을 조금 넣으세요.

TIP 물에 살짝 헹구면 이물질이 제거되고 찹쌀가루도 잘 묻어요.

1 꽈리고추는 꼭지를 뗀 후 진간장(1큰술)을 넣고 찹쌀가루($\frac{1}{2}$컵)를 뿌려가며 고루 버무리고,

2 멸치는 머리와 뼈, 내장을 제거한 뒤 반 가르고,

3 물에 살짝 헹군 뒤 찹쌀가루($\frac{1}{2}$컵)를 뿌려가며 고루 버무리고,

4 달군 팬에 들기름(2큰술)을 두르고 꽈리고추를 센 불로 노릇하게 볶아 꺼내고,

5 달군 팬에 들기름(4큰술)을 두르고 멸치를 약한 불로 노릇하게 볶고,

6 볶은 꽈리고추와 멸치에 **양념장**을 넣고 고루 버무려 마무리.

토마토 상추겉절이

고기 먹고 남은 쌈채소는 어떻게 처리하시나요?
조금씩 남은 양파나 고추, 버섯은 찌개 끓일 때 해결되지만,
상추는 냉장고 속에 넣어두고 까맣게 잊어버려 상하기 십상이에요.
고기 먹은 다음날, 남은 채소에 토마토를 넣어 상큼하게 겉절이로 만들어보세요.
남은 식재료도 처리하고 새로운 반찬도 만들고 일석이조랍니다.

READY | 4인분

필수 재료
상추(100g), 쑥갓(50g), 양파($\frac{1}{2}$개), 쪽파(6대), 붉은고추(2개), 팽이버섯($\frac{1}{2}$봉지), 토마토(3개)

양념
멸치액젓($\frac{1}{2}$컵), 배즙($\frac{1}{2}$컵), 마른고추(4개), 고춧가루(1큰술), 다진 마늘(2큰술), 다진 생강(1작은술), 매실청(2큰술), 물엿(1큰술), 통깨(약간)

RECIPE

TIP 마른고추는 적당한 크기로 잘라 넣어요.

1 통깨를 제외한 **양념** 재료를 믹서에 넣어 갈고.

2 상추와 쑥갓은 먹기 좋은 크기로 뜯고.

3 양파와 쪽파, 붉은고추는 채 썰고, 팽이버섯은 밑동을 잘라 가닥가닥 뜯고.

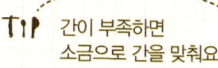

TIP 간이 부족하면 소금으로 간을 맞춰요.

4 토마토는 반달 모양으로 썰고.

5 준비한 모든 채소에 양념을 넣어 버무린 뒤 통깨(약간)를 뿌려 마무리.

↑ P78
→ P70

CHAPTER 2 | 최고의 국물 요리

↑ P84
→ P60

밥심으로 산다는 한국 사람들이 밥만큼이나 중요하게 여기는 것이 바로 국물요리예요.
전골, 찌개, 탕 등 국물이 있어야 밥 제대로 먹었다는 이야기를 하지요.
시원하게 즐기는 냉국부터 국물 자작한 전골까지, 최고의 국물 요리를 소개합니다.

쇠고기뭇국

멸치다시마육수에 쇠고기와 무를 넣어 깔끔하게 끓여낸 쇠고기무국.
무의 시원한 맛 덕분에 해장용으로도 그만이랍니다.
얼큰한 맛을 좋아한다면 마지막에 고춧가루를 넣어 끓여도 좋아요.

READY | 4인분

필수 재료
쇠고기(사태, 양지머리 각 100g),
멸치다시마육수(6컵), 무($\frac{1}{2}$개=300g),
양파($\frac{1}{2}$개), 마늘(7쪽), 통후추(15알),
대파 흰 부분(10cm)

양념
국간장(2큰술), 청주(1큰술), 소금(약간),
후춧가루(약간)

RECIPE

1 쇠고기는 찬물에 30분 정도 담가 핏물을 빼고,

> TIP 쇠고기를 끓는 물에 데치면 누린내가 줄어들어 국물 맛이 깔끔해요. 찬물에 헹구면 남은 기름기까지 말끔하게 씻어낼 수 있어요.

2 끓는 물에 쇠고기를 넣고 2~3분 정도 데친 뒤 찬물에 담갔다 체에 밭쳐 물기를 빼고,

> TIP 쇠고기와 무를 통째로 넣고 끓이면 재료가 풀어지지 않아 국물이 깔끔해요.

3 냄비에 멸치다시마육수(6컵)를 붓고 데친 쇠고기와 무, 양파, 마늘, 통후추를 넣어 중간 불로 1시간 정도 끓이고,

4 쇠고기와 무를 건져 쇠고기는 먹기 좋은 크기로 썰고 무는 큼직하게 썰어 다시 국물에 넣고,

5 **양념**을 넣고 끓이다 어슷 썬 대파를 넣고 한 번 더 끓여 마무리.

> TIP 고기와 국물을 따로 준비해 그때그때 먹을 만큼씩만 끓여내도 좋아요.

어묵탕

밥반찬으로 술안주로 남녀노소 모두에게 사랑받는 어묵탕.
비오는 날 저녁, 집에서 이자카야 분위기를 내고 싶을 땐
유부와 삶은 달걀을 함께 넣고 끓이는 것도 좋은 방법이지요.
어묵의 기름기와 곤약 특유의 향을 없애려면 한번 데쳐서 요리하세요.

READY | 4인분

필수 재료
어묵(150g), 곤약(50g), 무($\frac{1}{5}$개=100g), 새송이버섯(1개), 표고버섯(2개), 대파(10cm), 멸치다시마육수($3\frac{1}{2}$컵), 쑥갓(50g)

양념
국간장(2큰술), 진간장(1큰술), 후춧가루(약간)

RECIPE

TIP 데친 어묵과 유부를 찬물에 헹구면 기름기가 빠지고 쫀득함도 한층 살아나요.

1 끓는 물에 어묵과 곤약을 넣고 데친 뒤 찬물에 담갔다 건져 물기를 빼고, 어묵 데친 물에 무를 넣고 반쯤 익히고,

TIP 멸치다시마육수에 들어간 무를 건져 사용해도 좋아요.

2 어묵과 곤약, 무를 한입 크기로 썰고,

3 새송이버섯과 표고버섯은 큼직하게 썰고, 대파는 어슷 썰고,

4 꼬치에 어묵과 곤약, 무를 끼우고,

5 냄비에 멸치다시마육수($3\frac{1}{2}$컵)와 꼬치를 넣고 뚜껑을 닫고 끓이고,

TIP 고추냉이를 푼 간장을 곁들여도 좋아요.

6 새송이버섯, 표고버섯, 대파, 국간장(2큰술), 진간장(1큰술), 후춧가루(약간)를 넣고 뚜껑을 닫아 한 번 더 끓이고 쑥갓을 얹어 마무리.

the best recipe 2

오징어찌개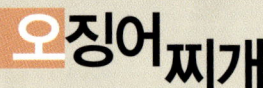

오징어에 풍부한 타우린 성분은 노화방지에 도움을 줄 뿐 아니라
심장을 보호하고 성인병을 예방하는 효과가 있어요.
특히 생오징어의 타우린 함량은 생선의 2~3배, 육류의 25~66배나 된다고 하니
미더덕을 넣어 바다의 향을 살린 생오징어찌개로 보양식탁을 차려보세요.

READY | 4인분

필수 재료
불린 표고버섯(2개), 팽이버섯(½봉지), 양파(½개), 붉은고추(1개), 오징어(1마리), 미더덕(100g), 쇠고기(살치살, 100g), 멸치다시마육수(5컵), 쑥갓(2줌=40g)

선택 재료
새송이버섯(1개), 달래(30g)

양념장
고춧가루(2큰술)+다진 마늘(2큰술)+다진 청양고추(1큰술)+고추장(2큰술)+된장(2큰술)+참기름(1큰술)+소금(약간)+후춧가루(약간)

RECIPE

1 불린 표고버섯과 새송이버섯은 먹기 좋게 썰고, 팽이버섯은 밑동을 자르고, 양파는 굵게 채 썰고, 달래는 양파 길이로 썰고, 붉은고추는 어슷 썰고,

2 오징어는 손질해 껍질을 벗긴 뒤 안쪽에 X자로 칼집을 넣어 한입 크기로 썰고, 미더덕은 깨끗이 씻고,

TIP 쇠고기는 기름기가 적은 부위로 준비하세요

3 쇠고기는 먹기 좋은 크기로 썰고, **양념장**을 만들고,

4 냄비에 오징어와 쇠고기를 넣고 양념장의 ½ 분량을 넣어 고루 버무리고,

5 표고버섯, 새송이버섯, 양파를 넣고 멸치다시마육수(2½컵)를 부어 뚜껑을 덮고 끓이고,

6 미더덕, 팽이버섯, 붉은고추, 달래, 쑥갓을 넣고 남은 멸치다시마육수(2½컵)와 양념장을 넣고 한 번 더 끓여 마무리.

콩탕

콩을 불려서 갈아야 하는 요리는 주부들이 번거로워하는 경향이 있지요.
하지만 시간을 들인 만큼 깊은 맛을 내는 것이 바로 저의 비법 콩탕이에요.
고슬고슬 잘 지은 밥 위에 콩탕 한 숟가락 듬뿍 떠 얹어
슥슥 비벼 먹으면 밥도둑이 따로 없답니다.

> 물(6컵)에 다시마(10×10cm, 3장)를 넣고 2시간 정도 우려 만들어요. TIP

READY 4인분

필수 재료
흰콩(100g), 다시마 우린 물(5컵), 돼지갈비(400g), 표고버섯(3개), 느타리버섯(50g), 무청(300g), 김치(½포기=150g)

고기 삶는 재료
사과(½개), 생강(3쪽), 통후추(10알), 청주(2큰술), 매실청(2큰술)

양념
다진 마늘(1큰술), 다진 양파(3큰술), 다진 생강(0.5큰술), 고추장(0.5큰술), 된장(0.5큰술), 참기름(1큰술)

양념장
설탕(2작은술)+고춧가루(2큰술)+진간장(3큰술)+다시마 우린 물(2큰술)+멸치액젓(3큰술)+다진 파(3큰술)+다진 마늘(3큰술)+식용유(2큰술)+후춧가루(약간)+깨소금(약간)

RECIPE

1 흰콩은 찬물에 8시간 정도 불려 손으로 비벼 껍질을 제거한 뒤 다시마 우린 물(2½컵)과 함께 믹서에 넣어 입자가 보일 정도로 갈고,

2 돼지갈비는 찬물에 담가 핏물을 제거한 뒤 먹기 좋은 크기로 썰어 끓는 물에 살짝 데치고,

3 끓는 물(5컵)에 데친 돼지갈비와 **고기 삶는 재료**를 넣고 뚜껑을 덮어 센 불에서 30분 정도 삶고,

4 표고버섯은 어슷 썰고, 느타리버섯은 적당한 굵기로 찢고,

5 무청은 끓는 소금물(물 10컵+소금 1.5큰술)에 조금 부드러워질 정도로 데친 뒤 5cm 길이로 썰고, 김치는 양념을 털어내 5cm 길이로 채 썰고,

> 양념장을 곁들여 드세요. TIP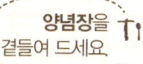

6 김치와 무청, **양념**을 넣고 조물조물 버무려 냄비에 담고,

7 데친 돼지갈비를 넣고 다시마 우린 물(2½컵)을 부어 뚜껑을 덮고 센 불에서 2~3분간 끓이고,

8 표고버섯, 느타리버섯, 콩물을 붓고 뚜껑을 덮어 김이 올라올 때까지 센 불로 끓여 마무리.

the best recipe 2

해물 된장찌개

된장찌개는 무엇을 넣고 끓이느냐에 따라 맛이 천지차이지요.
해물과 쇠고기를 함께 넣어 담백한 맛을 살렸답니다.
모시조개는 미리 해감하지 않으면 찌개를 끓였을 때 지금거릴 수 있으니
번거롭더라도 해감하는 과정을 잊지 마세요!

READY | 4인분

필수 재료
모시조개(50g), 미더덕(50g), 오징어(1마리), 쇠고기(50g), 알배기배추(3장=60g), 대파(10cm), 무(1/6개=100g), 양파(1/2개), 청양고추(2개), 붉은고추(1개), 멸치다시마육수(3컵)

양념
된장(3큰술), 다진 마늘(1큰술), 후춧가루(약간), 소금(약간)

RECIPE

1 모시조개는 소금물에 넣어 반나절 정도 해감하고, 미더덕은 깨끗이 씻고,

2 오징어는 껍질을 벗긴 뒤 안쪽에 ✕자로 칼집을 넣어 한입 크기로 썰고, 쇠고기는 적당한 크기로 썰고,

3 알배기배추, 대파, 무, 양파는 먹기 좋은 크기로 썰고, 청양고추, 붉은고추는 반 갈라 송송 썰고,

4 냄비에 멸치다시마육수(3컵)와 된장(3큰술), 다진 마늘(1큰술), 후춧가루(약간), 무를 넣고 뚜껑을 닫고 끓이고,

5 무가 익으면 모시조개, 미더덕, 오징어, 쇠고기, 알배기배추, 양파를 넣어 끓이고.

6 대파, 청양고추, 붉은고추를 넣어 한 번 더 끓이고 소금(약간)으로 간을 맞춰 마무리.

TIP 해산물에서 짠맛이 나오기 때문에 소금을 처음부터 넣지 않고 제일 마지막에 간을 해요.

황태해장국

황태와 콩나물에는 간의 해독을 돕는 성분이 들어 있어 해장국 재료로 최고예요.
여기에 시원함을 더하기 위해 김치까지 넣었더니 쓰린 속 달래주는 데 이만한 게 없네요.
회식이나 술 약속이 잡혀 있다면 전날 저녁에 미리 만들어두세요.

READY | 2인분

필수 재료
황태(1마리), 미나리(5줄기), 대파(10cm),
김치(1/8포기=100g), 콩나물(100g)

황태육수 재료
황태대가리(1개), 무(1/5개=200g), 디포리(4마리),
멸치(8마리), 다시마(1장=10×10cm), 대파(10cm),
양파(1/2개), 마늘(3쪽), 통후추(5알)

양념
청주(1큰술), 갈색설탕(1작은술), 국간장(약간)

RECIPE

TIP 무는 통째로 넣고 젓가락으로 찔러보아 어느 정도 익었을 때 건져두세요.

1 냄비에 물(5컵)과 **황태육수 재료**를 넣고 끓으면 청주(1큰술)와 갈색설탕(1작은술)을 넣고 한 번 더 끓여 불을 끈 뒤 1~2시간 정도 두었다가 국물만 거르고,

2 황태는 물에 살짝 헹궈 물기를 뺀 뒤 먹기 좋게 찢고,

3 미나리는 5cm 길이로 썰고, 대파는 어슷 썰고,

4 황태육수에서 건진 무는 나박 썰고, 김치는 양념을 털어 적당한 크기로 썰고,

5 냄비에 황태육수(4와 1/2컵)와 김치, 황태, 국간장(약간)을 넣어 10분 정도 끓이다 콩나물을 넣고 뚜껑을 닫아 7분간 끓이고,

6 대파, 무, 미나리를 넣고 중간 불에서 3분, 약한 불에서 5분간 더 끓여 마무리.

the best recipe 2

김치전골

김치전골이라고 다 같은 김치전골이 아니죠.
잘 익은 김치와 찰떡궁합인 돼지고기를 양념에 재워서 김치로 돌돌 말아 전골에 넣었어요.
여기에 버섯과 각종 채소까지 넣고 보글보글 끓이면 손님상에 내도 손색없어요.

READY | 2인분

필수 재료
돼지고기 목살(150g), 표고버섯(4개), 양파(½개), 대파(10cm), 무(⅙개=100g), 김치(½포기=250g), 멸치다시마육수(2½컵)

선택 재료
미나리(7줄기), 팽이버섯(½봉지)

밑간
청주(0.5큰술)+다진 마늘(0.5큰술)+다진 생강(0.5작은술)+매실청(0.5큰술)+참기름(1작은술)+올리브유(0.5큰술)+후춧가루(약간)

양념장
고춧가루(1.5큰술)+국간장(1큰술)+다진 마늘(1큰술)+다진 청양고추(1큰술)+매실청(0.5큰술)+참기름(0.2큰술)+소금(약간)+후춧가루(약간)

RECIPE

TIP 돼지고기를 재울 때 올리브유를 넣으면 고기가 부드러워지고 윤기가 나요.

1 돼지고기는 **밑간**을 넣어 조물조물 무치고,

2 표고버섯과 양파는 큼직하게 채 썰고, 대파도 큼직하게 어슷 썰고,

3 미나리는 5cm 길이로 썰고, 팽이버섯은 밑동을 자르고, 무는 먹기 좋게 나박 썰고,

4 김치는 양념을 대충 걷어낸 뒤 밑동을 잘라 펼치고 돼지고기를 얹어 김밥 말듯 돌돌 말고,

5 냄비에 무를 깔고 김치말이를 반으로 썰어 올린 뒤 멸치다시마육수(2½컵)를 넣어 끓이고,

6 국물이 끓으면 표고버섯, 양파, 대파, **양념장**을 넣고 한 번 더 끓이다 팽이버섯, 미나리를 넣고 살짝 끓여 마무리.

TIP 채소를 오래 끓이면 국물이 탁해지니 국물을 먼저 끓인 뒤 채소를 넣어주세요.

the best recipe 2

생태찌개

생태는 살이 연하고 부드러우며 담백하고 비린내가 적어 지리로 먹기에 딱 좋은 대표 겨울 생선이에요.
쌀쌀한 날씨에 속 든든히 채워줄 국물요리로 생태찌개 한 그릇 준비해볼까요?

POINT!

대구과에 속하는 흰살생선 명태는 가공방법에 따라 다양한 이름이 있는데요. 생것은 생태, 얼린 것은 동태, 건조시킨 것은 북어, 반만 말린 것은 코다리, 냉동과 해동을 반복해가며 고슬고슬하게 만든 건 황태라고 해요.

READY | 4인분

필수 재료
생태(중간 크기 1마리), 표고버섯(2개), 대파 흰 부분(5cm), 무($\frac{1}{3}$개), 팽이버섯($\frac{1}{2}$봉지), 쑥갓(5줄기), 마늘(2쪽), 멸치다시마육수(4컵)

선택 재료
청경채(3개)

양념
소금(약간), 국간장(1큰술), 청주(0.5큰술), 멸치액젓(1큰술)

초간장
설탕(0.5큰술)+진간장(3큰술)+식초(1큰술)+멸치다시마육수(3큰술)+다진 생강(1작은술)+소금(약간)+후춧가루(약간)

RECIPE

Tip 검은 내장 부분을 깨끗이 씻어야 쓴맛이 나지 않아요.

1 손질한 생태는 먹기 좋은 크기로 토막 내 알과 함께 소금(약간)을 뿌려 밑간하고,

2 표고버섯과 대파는 큼직하게 어슷 썰고, 무는 먹기 좋은 크기로 썰고,

3 청경채와 팽이버섯은 밑동을 자르고, 쑥갓은 다른 채소와 비슷한 길이로 썰고,

4 냄비에 무를 깔고 생태와 생태알, 얇게 썬 마늘, 멸치다시마육수(4컵), 나머지 **양념** 재료를 넣고 뚜껑을 덮어 센 불로 2~3분 정도 끓이고,

5 표고버섯과 대파를 넣어 생태가 익을 때까지 끓이고,

Tip 초간장을 곁들이세요.

6 청경채는 밑 부분이 잠기도록 넣고 팽이버섯, 쑥갓을 올린 뒤 국물을 끼얹어가며 센 불로 살짝 끓여 마무리.

쑥국

아무데서나 쑥쑥 자란다 하여 붙여진 이름 '쑥'.
비타민 A와 C, 미네랄이 풍부해 몸을 따뜻하게 하고 성인병과 부인병에 좋아요.
된장을 푼 육수에 쑥완자를 퐁당 넣어 익히면 제법 모양이 그럴싸한 쑥국이 완성됩니다.

POINT!

쑥 고르는 법과 보관법

쑥은 줄기가 뻗어 나가지 않고 응달에서 자란 어린 쑥이 부드럽고 향과 맛이 뛰어나요. 오래 보관하려면 쑥을 데쳐 물을 짜지 말고 그대로 냉동실에 넣고 보관하세요.

TIP 쇠고기는 기름기 없는 살코기 부위로 사용하세요.

READY | 10인분

필수 재료
쑥(200g), 쇠고기(150g), 멸치다시마육수(6컵), 대파(10cm)

완자 양념
다진 대파(2큰술), 참기름(1큰술), 소금(약간), 후춧가루(약간)

양념
소금(2작은술), 된장(1큰술), 국간장(1큰술)

RECIPE

1 끓는 물(5컵)에 소금(2작은술)을 넣고 쑥을 살짝 데쳐 찬물에 헹궈 꼭 짠 뒤 다지고,

TIP 쇠고기를 칼로 곱게 다지면 완자가 차지고 모양이 풀어지지 않아요.

2 쇠고기는 잘게 다지고,

3 다진 쑥과 쇠고기에 **완자 양념**을 넣고 버무리고,

4 한 입 크기로 둥글게 빚어 완자를 만들고,

TIP 뚜껑을 열고 끓여야 완자가 풀어지지 않아요.

5 멸치다시마육수(6컵)를 끓여 된장(1큰술)과 국간장(1큰술), 쑥 완자를 넣고,

6 완자가 익어서 떠오르면 대파를 어슷 썰어 넣어 마무리.

굴미역국

READY | 4인분

필수 재료
마른 미역(3g), 굴(100g),
소금(2작은술),
멸치다시마육수(5컵)

양념
국간장(1큰술), 소금(약간)

미역에는 아이들 분유에 함유된 양과 비슷할 정도로 칼슘이 많아서
뼈와 이를 튼튼하게 해줄 뿐 아니라 산후 자궁수축과 지혈을 돕는 데도 큰 역할을 해요.
바다의 채소라 불리는 미역과 바다의 우유 굴의 만남, 굴미역국을 소개합니다.

RECIPE

TIP 미역을 찬물에 1시간 정도 불린 뒤 바락바락 씻어야 끈적거림과 비린내, 짠맛이 없어져요.

1 마른 미역은 1시간 정도 불린 후 바락바락 씻어 물기를 뺀 뒤 큼직하게 썰고,

2 굴은 소금물(물 6컵+소금 2작은술)에 넣고 살랑살랑 저어가며 헹궈 물기를 빼고,

3 멸치다시마육수(5컵)에 국간장(1큰술)을 넣고 끓으면 불린 미역을 넣고,

4 다시 끓어오르면 굴을 넣고 소금(약간)으로 간을 맞춰 마무리.

부추달걀탕

READY | 4인분

필수 재료
멸치다시마육수(5컵), 부추(½단), 달걀흰자(4개 분량)

양념
국간장(1.5큰술), 후춧가루(약간), 굵은소금(약간)

따뜻한 성질의 부추는 철분이 풍부해 생리통에 좋고 혈액순환을 도울 뿐 아니라 자양강장에도 좋아요. 달걀과 함께 간단하면서도 든든한 탕을 끓여보세요. 뽀얗고 맑은 국물을 위해 달걀흰자만 사용하는 것이 포인트예요.

RECIPE

1 멸치다시마육수(5컵)를 냄비에 붓고 국간장(1.5큰술), 후춧가루(약간)를 넣어 끓이고.

TIP 흰자만 넣으면 국물이 뽀얗고 맑으면서도 맛이 더욱 고소해요.

2 부추는 적당한 길이로 썰어 달걀흰자를 넣고 버무리고.

TIP 달걀이 익기 전에 저으면 국물이 탁해져요.

3 육수가 끓으면 부추를 넣고.

TIP 굵은소금을 사용하면 훨씬 시원한 맛이 나요.

4 굵은소금(약간)으로 간을 맞추고 한 번 더 끓여 마무리.

the best recipe 2

가지냉국

READY | 4인분

필수 재료
가지(2개=200g), 멸치다시마육수(4컵)

양념장
국간장(1.5큰술)+다진 파(0.5큰술)+
다진 마늘(0.5큰술)+다진 풋고추(1큰술)+
다진 붉은고추(0.5큰술)+고추장(0.5큰술)

양념
통깨(약간), 소금(약간)

TIP 멸치다시마육수는 냉장고에 넣어 차게 준비해두세요.

가지는 주변에서 쉽게 구할 수 있고 가격도 저렴한 채소예요.
수분이 많고 단백질과 비타민도 풍부해 다이어트 식품으로 좋지요.
멸치와 디포리, 다시마로 우려낸 육수로 깊은 맛을 더한 가지냉국으로 건강과 입맛을 동시에 잡아보세요.

RECIPE

1. 가지는 반 갈라 길게 썰고,

TIP 젓가락으로 찔렀을 때 들어가면 다 익은 거예요.

2. 김이 오른 찜통에 넣고 2분 정도 쪄서 꺼내고,

TIP 가지의 물기를 짜면 단맛이 사라지니 물기를 제거하지 마세요.

3. 찐 가지는 먹기 좋은 크기로 찢어 **양념장**에 버무리고,

TIP 소금으로 간을 맞춰요.

4. 차가운 멸치다시마육수(4컵)를 붓고 통깨(약간)를 뿌려 마무리.

양배추 된장국

READY | 4인분

필수 재료
양배추(200g), 들깻가루(½컵),
멸치다시마육수(4컵),
대파(25cm)

양념
국간장(3큰술), 다진 마늘(2큰술),
된장(2큰술)

양배추의 달달함이 고스란히 녹아들어 있는 별미 된장국이에요.
깊은 국물 맛을 내는 멸치다시마육수에 들깻가루 향이 더해져
깔끔하면서 고소한 맛이 입맛을 당기죠.

RECIPE

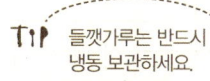

TIP 들깻가루는 반드시 냉동 보관하세요.

TIP 싱거우면 소금을 넣어 간을 맞추세요.

1 양배추는 먹기 좋은 크기로 썰어 찬물에 헹궈 물기를 빼고,

2 들깻가루(½컵)를 넣어 고루 버무리고,

3 멸치다시마육수(4컵)를 냄비에 붓고 끓으면 국간장(3큰술), 다진 마늘(2큰술), 된장(2큰술)을 넣고,

4 양배추를 넣어 익을 때까지 끓인 뒤 어슷 썬 대파를 넣고 한 번 더 끓여 마무리.

고등어탕

고등어를 갈아 넣고 푹 끓여낸 탕에 된장을 넣어 구수함까지 더했어요.
몸과 마음이 지칠 땐 고등어탕 한 그릇으로 허약해진 기력을 보충하세요.

READY | 4인분

필수 재료
고등어(2마리), 열무(300g), 고사리(100g), 대파 흰 부분(6대=250g), 멸치다시마육수(1컵), 소금(약간), 숙주나물(100g)

고등어육수 재료
대파(25cm), 양파(½개), 마늘(10쪽), 생강(3쪽), 청주(3큰술), 통후추(7알), 월계수잎(3장)

양념
밀가루(약간), 국간장(1큰술), 고추장(0.5큰술), 된장(0.5큰술), 참기름(약간), 후춧가루(약간)

양념장
고춧가루(2큰술)+국간장(3큰술)+진간장(3큰술)+다진 파(4큰술)+다진 마늘(3큰술)+다진 청양고추(1.5큰술)+다진 붉은고추(2큰술)+참기름(적당량)+후춧가루(적당량)+산초가루(적당량)

TIP 고등어탕에 밀가루를 넣으면 비린 맛도 없어지고 시원하고 구수한 국물 맛을 낼 수 있어요.

TIP 열무 대신 우거지를 사용해도 좋아요. 우거지를 삶을 땐 끓는 물에 소금(1작은술), 얼갈이배추(1단)를 넣고 숨이 죽을 정도로 삶은 뒤 찬물에 2시간 정도 담가두세요.

TIP 고사리는 끓는 물에 넣고 부드러워질 때까지 삶은 뒤 찬물에 3시간 정도 담가둬요.

RECIPE

1 핏물 뺀 고등어는 머리를 자르고 반으로 포를 뜨고,

2 끓는 물(3ℓ)에 **고등어육수 재료**와 손질한 고등어를 넣고 1시간 정도 끓인 뒤 모든 재료를 건져내 육수를 만들고,

3 열무와 고사리는 삶아서 적당한 크기로 썰어 **양념**에 무치고,

TIP 멸치다시마육수가 없을 땐 고등어육수를 대신 넣어주세요.

4 육수에서 건져낸 고등어는 멸치다시마육수(1컵)와 함께 믹서에 갈고,

5 준비한 육수에 양념한 열무와 고사리, 큼직하게 썬 대파와 고등어 간 것을 넣고 30분 정도 푹 끓이고,

TIP 소금으로 간을 하고, 식성에 맞게 **양념장**을 곁들여 드세요.

6 숙주나물을 넣고 숨이 죽을 때까지 끓여 마무리.

불고기버섯전골

남녀노소 모두가 좋아하는 고기 메뉴를 꼽자면 아마 불고기가 아닐까 싶어요.
오늘 저녁 메뉴로는 늘 먹던 불고기 대신 밑간한 불고기를 김치에 돌돌 말아
버섯과 함께 끓여 먹는 불고기전골 어떠세요?

> **READY** | 2인분
>
> **필수 재료**
> 쇠고기(불고기용, 200g), 새송이버섯(2개),
> 표고버섯(3개), 느타리버섯(50g), 무(½개=200g),
> 양파(1개), 대파(50cm), 미나리(50g), 김치(100g),
> 멸치다시마육수(4컵)
>
> **밑간**
> 참기름(1큰술), 후춧가루(약간)
>
> **양념장**
> 국간장(1큰술)+진간장(1큰술)+맛술(3큰술)+
> 다진 마늘(2큰술)+멸치액젓(1큰술)

RECIPE

> TIP 쇠고기는 핏물을 잘 빼야 누린내가 안 나요.

1 쇠고기는 키친타월에 올려 핏물을 뺀 뒤 **밑간**하고,

2 새송이버섯과 표고버섯은 먹기 좋게 썰고, 느타리버섯은 가닥가닥 분리하고,

3 무는 나박 썰고, 양파는 채 썰고, 대파는 어슷 썰고, 미나리는 먹기 좋게 썰고,

4 김치는 양념을 살짝 털어낸 뒤 밑간한 쇠고기를 놓고 돌돌 말아 먹기 좋게 썰고,

5 전골냄비에 무를 깐 뒤 양파, 대파, 버섯을 돌려 담고 김치말이와 **양념장**을 넣고 멸치다시마육수(4컵)를 부어 끓이고,

6 무가 다 익으면 미나리를 올려 마무리.

은근한 걸쭉함과 깊은 맛을 내는 국물이 인상적인 쇠고기대파국.
요리의 포인트는 대파를 밀가루에 조물조물 버무려 놓았다가 국에 넣는 건데요.
이렇게 하면 시원하고 잡냄새가 나지 않는답니다.
집에 흔히 있는 식재료로 만들기 때문에 웬만하면 따로 장볼 필요 없겠죠?

쇠고기대파국

READY | 4인분

필수 재료
대파(7대=300g), 쇠고기(150g), 멸치다시마육수(6컵), 밀가루(⅔컵)

양념
참기름(1작은술), 국간장(1큰술), 멸치액젓(1큰술), 소금(약간), 후춧가루(약간)

TIP 쇠고기는 기름기가 적은 부위로 골라 사용하세요.

RECIPE

1 대파는 큼직하게 썰어 세로로 길게 반 가르고.

2 쇠고기는 채 썰고.

3 달군 냄비에 참기름(1작은술)을 두르고 채 썬 쇠고기를 달달 볶고.

TIP 멸치다시마육수에 대파를 살짝 적신 뒤 밀가루를 묻히면 좋아요.

4 국간장(1큰술), 멸치액젓(1큰술), 멸치다시마육수(6컵)를 넣어 끓이고.

5 대파를 밀가루(⅔컵)에 고루 버무리고.

6 국물이 끓으면 대파를 넣어 한 번 더 끓이고 소금(약간), 후춧가루(약간)로 간해 마무리.

the best recipe 2

조갯살 아욱국

아욱은 비타민과 칼륨, 칼슘 등 무기질이 풍부해 성장기 어린이에게 아주 좋은 식재료예요.
단백질이 풍부한 조갯살을 넣어 아욱에 부족한 영양을 보충하면
소박하지만 건강이 가득한 밥상을 차릴 수 있어요.

> **READY** | 4인분
>
> **필수 재료**
> 아욱(200g), 조갯살(100g), 소금(2작은술), 멸치다시마육수(5컵), 대파 흰 부분(10cm)
>
> **양념**
> 국간장(1작은술), 된장(1큰술), 다진 마늘(1큰술)

RECIPE

TIP 아욱은 주물러 씻어야 풋내가 빠져요.

1 아욱은 먹기 좋게 손으로 뜯어 푸른 물이 안 나올 때까지 찬물에 바락바락 주물러 씻고,

2 조갯살은 소금물(물 6컵+소금 2작은술)에 흔들어 씻고,

3 멸치다시마육수(5컵)에 국간장(1작은술)과 된장(1큰술)을 넣어 끓이고,

4 국물이 끓어오르면 아욱을 넣어 한 번 더 끓이고,

5 조갯살과 어슷 썬 대파, 다진 마늘(1큰술)을 넣고 한 번 더 끓여 마무리.

TIP 위에 뜬 거품은 걷어내고 기호에 따라 소금으로 간을 해요.

↑ P97
→ P92

CHAPTER 3

최고의 김치와 장아찌

↑ P112
→ P100

만드는 사람 입맛 따라 그때그때 맛이 들쑥날쑥인 김치와 장아찌.
늘 해오던 대로만 만들었다면 이번엔 제 레시피를 따라해 보세요.
'왜 진작 몰랐을까?' 하는 생각이 절로 들 거예요.

새송이장아찌

새송이버섯은 비타민 C가 풍부하고 항암효과가 있어
건강을 생각하는 사람들에겐 인기 좋은 식재료예요.
적당히 숙성된 새송이장아찌를 쭉 찢어서 한입 먹으면
쫄깃한 식감이 꼭 장조림 같지요.

READY | 4인분

필수 재료
새송이버섯(300g)

장아찌국물 재료
대파(13cm), 마늘(3쪽), 생강(10쪽),
마른고추(5개), 통후추(5알),
멸치다시마육수(3컵), 진간장($\frac{1}{2}$컵),
맛술($\frac{1}{4}$컵), 매실청($\frac{1}{4}$컵),
국간장(1.5큰술), 멸치액젓(1.5큰술)

TIP 새송이버섯은 통통하고 색이 짙은 게 좋아요.

RECIPE

1 냄비에 **장아찌국물 재료**를 넣어 끓이고,

TIP 버섯을 장아찌국물에 데친 뒤 물기를 꼭 짜면 더 쫄깃해져요.

2 장아찌국물에 새송이버섯을 넣어 데치고,

TIP 두꺼운 새송이버섯은 반 갈라 넣으세요.

3 데친 새송이버섯은 면포로 물기를 꼭 짜고,

TIP 국물을 식혀서 넣어야 버섯이 물러지지 않아요.

4 장아찌국물은 한 번 더 끓여 식힌 뒤 체에 밭쳐 국물만 거르고, 마른고추는 건져두고,

5 보관통에 버섯과 마른고추를 넣고 장아찌국물을 부어 2일간 냉장 숙성시킨 뒤 보관통에서 꺼내 다시 한 번 데쳐 마무리.

TIP 국물을 다시 끓여 버섯을 데친 뒤 보관통에 담고 식힌 국물을 부어주세요.

the best recipe 2

오색물김치

오색물김치는 절인 배추잎에 배추줄기와 무, 오이, 풋고추, 붉은고추 등
다양한 채소를 넣고 돌돌 말아 만든 물김치예요.
잘 익은 국물의 시원하게 톡 쏘는 맛이 아주 그만이랍니다.
먹기 좋게 썰어서 정갈하게 담아내면 고급 한정식집 분위기가 물씬 나요.

READY | 8인분

필수 재료
배추(½포기=500g), 소금(½컵), 무(½개=300g), 청오이(1개), 굵은소금(약간), 미나리(30g), 쪽파(10대=100g), 풋고추(5개), 붉은고추(5개)

국물 재료
배(1개), 무(½개), 마늘(10쪽), 양파(1개), 생강(½쪽), 소금(1큰술)

RECIPE

1 배추는 잎 부분만 잘라 소금물(물 5컵+소금 ½컵)에 담가 5시간 정도 절이고.

2 배추줄기와 무, 청오이는 적당한 크기로 썰어 굵은소금(약간)을 뿌려 30분 정도 절이고,

3 미나리와 쪽파는 오이와 비슷한 길이로 썰고, 풋고추와 붉은고추는 반 갈라 씨를 뺀 뒤 쪽파와 비슷한 크기로 썰고,

4 절인 배추잎에 준비한 채소를 올리고 돌돌 말아 보관통에 담고,

5 믹서에 소금을 제외한 **국물 재료**와 물(7컵)을 넣고 곱게 간 뒤 소금(1큰술)으로 간하고,

6 보관통에 국물을 붓고 상온에서 2일 정도 숙성시켜 마무리.

> **TIP** 숙성된 오색물김치는 냉장 보관하고, 먹기 좋은 크기로 썰어내세요.

달래김치

READY | 4인분

필수 재료
달래(200g), 사과(1개), 양파(1개), 붉은고추(3개)

양념
고춧가루($\frac{1}{2}$컵), 멸치액젓($\frac{1}{2}$컵), 다진 생강(1작은술), 매실청(3큰술), 통깨(2큰술)

봄내음 가득 머금은 달래가 김치로 변신했어요.
겉절이로 먹어도 좋고 일주일 정도 더 익혀 먹어도 맛있는 달래김치.
사과를 넣어서 아삭함과 새콤달콤함을 살렸어요.

RECIPE

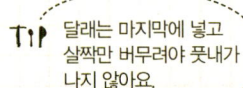
TIP 달래는 마지막에 넣고 살짝만 버무려야 풋내가 나지 않아요.

1 달래는 깨끗이 씻어 껍질을 벗긴 뒤 4~5cm 길이로 썰고,

2 사과는 얇게 썰고, 양파도 채 썰어 함께 담고,

3 고춧가루($\frac{1}{2}$컵)를 넣고 버무려 붉은 물을 들이고,

4 달래와 채 썬 붉은고추를 넣고 남은 고춧가루와 **양념**을 모두 넣어 고루 섞어 마무리.

된장깻잎장아찌

READY | 4인분

필수 재료
다진 쇠고기(200g),
멸치다시마육수(1컵), 깻잎(50장)

밑간
참기름(1큰술), 올리브유(약간),
매실즙(2큰술), 후춧가루(약간)

양념
참기름(1큰술), 다진 파(2큰술),
다진 마늘(2큰술), 다진 양파(2큰술),
다진 생강(1큰술), 된장(5큰술),
통깨(약간)

시골 할머니 댁에 놀러가면 맛볼 수 있는 깻잎장아찌.
고슬고슬 잘 지어진 솥밥에 깻잎장아찌 한 장 얹어주시던 그 손길이 그리울 땐
직접 만들어서 추억을 떠올려보세요.

RECIPE

Tip 식힌 뒤에 깻잎에 발라야 깻잎의 푸른색을 살릴 수 있어요.

Tip 양념한 쇠고기가 들어갔기 때문에 바로 먹는 게 좋아요. 보관기간을 늘리고 싶다면 쇠고기를 빼고 만들어요.

1 다진 쇠고기는 **밑간**에 버무리고,

2 달군 팬에 참기름(1큰술)을 두르고 된장과 통깨를 제외한 **양념**을 넣어 볶다가 밑간한 쇠고기를 넣고 볶고,

3 된장(5큰술)을 넣고 볶다가 멸치다시마육수(1컵)를 넣고 풀어가며 걸쭉하게 끓인 뒤 통깨(약간)를 넣고 고루 섞어 식히고,

4 깻잎을 3장씩 겹쳐 차곡차곡 쌓아가며 된장양념장을 바르고 통깨를 뿌려 마무리.

파프리카 물김치

READY | 4인분

필수 재료
배추(1/4포기=250g),
무(1/2개=200g), 쪽파(5대),
미나리(5줄기), 마늘(5쪽), 생강(2쪽)

국물 재료
무(1/2개=150g), 배(1/2개), 양파(1/2개),
빨간 파프리카(1개), 붉은고추(5개),
소금(1/3컵)

비타민이 풍부해서 감기예방과 피부미용에 좋은 파프리카.
서양 식재료로 인식해서인지 우리나라 요리에는 자주 등장하지 않는데요.
우리에게 친숙한 물김치로 활용해보는 건 어떨까요?

RECIPE

1 배추와 무는 나박 썰고,

TIP 배추와 무를 넣었을 때 간이 맞도록 약간 짠 정도로 간을 맞춰요.

2 믹서에 소금을 제외한 **국물 재료**와 물(2컵)을 넣어 갈고 물(11컵=2ℓ)과 소금(1/3컵)을 넣어 간을 맞추고,

TIP 미나리의 향을 더 진하게 느끼고 싶으면 김치가 익은 다음 냉장고에 넣기 직전에 넣어요.

3 쪽파와 미나리는 적당한 길이로 썰고, 마늘과 생강은 얇게 썰고,

TIP 물김치는 6~7시간 상온에서 숙성시킨 뒤 다시 한 번 간을 맞춰요.

4 국물을 붓고 보관용기에 담아 마무리.

황태채 장아찌

READY | 4인분

필수 재료
황태채(250g), 마늘(10쪽)

양념장
고춧가루($\frac{1}{2}$컵)+진간장($\frac{1}{4}$컵)+
소주($\frac{1}{2}$컵)+고추장(1$\frac{1}{2}$컵)+
매실청($\frac{1}{2}$컵)+물엿($\frac{1}{2}$컵)+통깨($\frac{1}{2}$컵)

황태로 늘 국만 끓여 드셨다면 오늘은 무침 스타일의 장아찌로 변신시켜 보세요.
고추장과 매실청이 들어가 매콤하면서 새콤한 맛이 일품이에요.

RECIPE

TIP 황태채를 물에 씻으면 장아찌가 묽어질 수 있으므로 물기가 있는 키친타월로 닦아서 준비하세요.

1 양념장을 만들고,

2 황태채는 가위로 적당한 크기로 자르고,

3 양념장에 황태채와 얇게 썬 마늘을 넣고 조물조물 무쳐 마무리.

TIP 바로 먹어도 되고 냉장 보관해 두고 먹어도 맛있어요.

the best recipe 2

깻잎장아찌

남이 만들 땐 쉬워 보이는 깻잎장아찌.
막상 내가 담가보면 뭔가 빠진 듯 밋밋한 기분을 지울 수가 없지요.
특제 깻잎장아찌 레시피로 자신감을 찾아드릴게요!
사 먹는 장아찌에서는 결코 맛볼 수 없는 깊은 맛을 느낄 수 있을 거예요.

READY | 4인분

필수 재료
깻잎(400g), 소금(1컵), 대추(10개), 밤(5개), 통깨(약간)

된장 양념
다진 마늘(2큰술), 다진 양파(3큰술), 다진 청양고추(1.5큰술), 된장(3큰술), 멸치다시마육수(1컵)

고춧가루 양념
고춧가루(3큰술)+멸치액젓(3큰술)+매실청(3큰술)+물엿(1큰술)+후춧가루(약간)

RECIPE

Tip 절인 깻잎을 구입해 사용해도 좋아요.

1 깻잎은 소금물(물 5컵+소금 1컵)에 2주 정도 절인 뒤 끓는 물에 데쳐 찬물에 헹구고,

2 달군 팬에 식용유(2큰술)를 두르고 다진 마늘(2큰술), 양파(3큰술), 청양고추(1.5큰술)를 볶다가 나머지 **된장 양념** 재료를 넣어 섞고,

3 **고춧가루 양념**을 넣고 섞어 한 번 더 끓여 식히고,

4 대추와 밤은 채 썰고,

5 깻잎을 3장씩 겹쳐 쌓아가며 양념을 바르고 채 썬 대추와 밤, 통깨(약간)를 뿌려 차곡차곡 포개 마무리.

the best recipe 2

열무물김치

열무물김치는 넉넉히 만들어 놓으면 다양한 요리에 응용할 수 있답니다.
건더기를 건져내 참기름과 고추장 넣고 쓱싹쓱싹 비벼 열무비빔밥을 만들어도 좋고,
국물에 소면을 넣어 열무국수를 말아 먹어도 별미예요.

READY | 4인분

필수 재료
열무(1단=800g), 굵은소금($\frac{1}{2}$컵), 대파 흰 부분(10cm)

선택 재료
감자(중간 크기, $\frac{1}{2}$개)

국물 재료
양파(1개), 무($\frac{1}{3}$개), 배($\frac{1}{2}$개), 마늘(5쪽), 붉은고추(5개), 고춧가루(2.5큰술), 소금(약간), 설탕(1작은술), 멸치액젓(1.5큰술)

RECIPE

1 열무는 잠길 정도의 소금물(물 1ℓ+굵은소금 $\frac{1}{2}$컵)에 담가 20분간 절이고,

> TIP 열무 자체에 쓴맛이 있으니 생강은 안 넣어도 돼요.

2 감자는 얇게 썰어 냄비에 넣고 물(4$\frac{1}{2}$컵)을 부어 끓으면 중간 불로 30분 정도 삶고,

3 삶은 감자를 체에 넣고 으깨 감자국물을 만들고,

> TIP 감자 삶은 물로 국물을 만들면 훨씬 시원하면서도 깊은 맛을 낼 수 있어요. 시간이 없다면 그냥 물(4컵)을 사용하세요.

4 열무는 3쪽으로 갈라 5cm 길이로 썰고,

5 믹서에 양파와 무, 배, 마늘, 붉은고추, 고춧가루(2.5큰술), 감자국물(4컵)을 넣고 곱게 갈아 소금(약간), 설탕(1작은술), 멸치액젓(1.5큰술)으로 간하고,

6 국물에 열무와 어슷 썬 대파를 넣어 살살 버무리고,

> TIP 풋내가 나지 않게 살살 버무리세요.

7 밀폐용기에 꼭꼭 눌러 담고 뚜껑을 덮어 마무리.

> TIP 상온에서 하루 정도 익힌 뒤 냉장 보관하세요.

the best recipe 2

오이소박이

오이는 피부 미용에 좋고 칼로리가 낮아 다이어트 식품으로 사랑 받는 식재료예요.
매일 새롭게 만들어 먹기 번거롭다면 넉넉하게 오이소박이로 즐겨보세요.

READY | 4인분

필수 재료
오이(5개), 굵은소금(1컵), 부추(½단=80g), 양파(1개), 붉은고추(3개)

소박이 양념
배(½개), 무(50g), 매실청(½컵), 마른고추(1개), 고춧가루(1½컵), 새우젓(2큰술), 멸치액젓(1큰술), 다진 마늘(1큰술), 다진 생강(0.5큰술), 소금(약간), 통깨(약간)

> TIP 오이는 녹색이 짙고 가시가 살아 있으며 굵기가 고르고 단단한 것이 좋아요.

> TIP 멸치액젓과 새우젓을 같이 사용하면 더 맛있어요.

RECIPE

> TIP 오이가 휘어질 정도로 절여야 무르지 않고 식감이 좋아요.

1 오이는 양 끝을 잘라낸 뒤 소금물(물 10컵+굵은소금 1컵)에 5시간 정도 절이고,

2 절인 오이는 찬물에 씻어 4등분해 십자로 칼집을 넣고,

3 부추는 적당한 길이로 썰고, 양파와 붉은고추는 채 썰어 섞어 두고,

> TIP 고추씨를 넣으면 더 구수하고 얼큰해요.

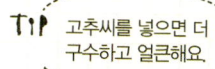

4 믹서에 큼직하게 썬 배와 무, 매실청(½컵), 마른고추를 넣어 갈고,

5 섞어둔 부추와 양파, 붉은고추에 믹서에 간 양념과 나머지 **소박이 양념** 재료를 모두 넣어 버무리고,

> TIP 오이소박이는 바로 냉장 보관해요.

6 오이 속에 버무린 양념을 넣어 마무리.

청경채김치

중국요리에 많이 등장하는 청경채. 요즘엔 일반 음식점에서도 많이 나와요.
늘 먹던 배추겉절이가 질렸다면 빛깔 고운 청경채김치로 입맛을 잡아보세요.
청경채는 먹기 좋은 크기여서 손질도 번거롭지 않답니다.

READY | 4인분

필수 재료
청경채(1kg), 굵은소금($\frac{1}{2}$컵), 쪽파(8대=80g), 양파($\frac{1}{2}$개)

양념
배($\frac{1}{2}$개), 마늘(2쪽), 생강(1쪽), 마른고추(10개), 멸치액젓($\frac{1}{4}$컵), 찹쌀풀($\frac{1}{2}$컵), 매실청(1.5큰술), 고춧가루($\frac{1}{2}$컵), 통깨(약간)

TIP 찹쌀풀은 냄비에 물($\frac{1}{2}$컵)과 찹쌀($\frac{1}{4}$컵)을 넣고 중간 불에서 저어가며 살짝 끓여서 만들어요.

TIP 매실청이 없을 땐 설탕을 동량으로 넣어주세요.

RECIPE

1 청경채는 깨끗이 씻어 소금물(물 5컵+굵은소금 $\frac{1}{2}$컵)에 담가 30분간 절이고,

2 쪽파는 5cm 길이로 썰고, 양파는 채 썰고,

3 절인 청경채와 쪽파, 양파를 섞고,

TIP 마른고추의 씨를 함께 넣고 갈아주세요. 고추씨는 매운맛과 다른 양념의 맛을 살려줄 뿐 아니라 비타민도 풍부해요.

4 믹서에 고춧가루와 통깨를 제외한 **양념** 재료를 넣어 갈고,

TIP 간이 모자라면 굵은소금을 약간 넣어주세요.

TIP 겉절이처럼 바로 만들어 먹는 게 좋아요.

5 청경채에 믹서에 간 양념과 고춧가루($\frac{1}{2}$컵), 통깨(약간)를 넣고 버무려 마무리.

표고버섯 깻잎장아찌

생표고버섯과 깻잎을 이용해 새콤달콤하게 즐기는 장아찌예요.
밥반찬으로 먹어도 맛있지만 고기요리와 함께 즐겨보세요.
수육, 삼겹살, 오리훈제 등에 곁들이면 고기의 느끼한 맛을 잡아줘
훨씬 담백하고 맛있게 즐길 수 있습니다.

POINT!
더 맛있는 장아찌 만들기

장아찌를 만들어 그대로 숙성시켜도 되지만 정성을 조금만 더 들이면 더욱 맛있게 숙성시킬 수 있어요. 담근 지 3일이 지난 장아찌를 국물만 걸러내 한 번 끓여 차갑게 식힌 다음 장아찌에 다시 부어 냉장 보관하세요. 3일 간격으로 이 과정을 3번 정도 반복하고 일주일이 지나면 더욱 맛있는 장아찌가 완성돼요.

READY | 4인분

필수 재료
표고버섯(10개), 소금(약간), 깻잎(30장), 마른고추(5개), 청양고추(7개)

국물 재료
설탕(2컵), 진간장(1½컵), 소금(1.3큰술), 식초(1½컵)

RECIPE

1 냄비에 물(4컵), 설탕(2컵), 진간장(1½컵), 소금(1.3큰술)을 넣고 끓으면 식초(1½컵)를 넣고 한 번 더 끓여 한 김 식히고,

TIP 밑동은 버리지 말고 육수 낼 때 사용하면 좋아요.

2 표고버섯은 밑동을 잘라 큼직하게 썰고,

TIP 표고버섯은 데쳐서 사용하면 탄력이 생겨 더욱 쫄깃해져요.

3 끓는 물에 소금(약간)을 넣고 표고버섯을 살짝 데쳐 찬물에 담갔다 건진 뒤 물기를 닦고,

4 버섯을 밀폐용기에 담고 깻잎을 7장씩 겹쳐 반으로 접어 담고 마른고추와 청양고추를 잘라 넣고,

TIP 서늘한 곳에 반나절만 두었다가 냉장실에서 1주일 정도 숙성시켜요.

5 국물을 붓고 뚜껑을 덮은 뒤 완전히 식혀 마무리.

돌나물김치

일반적으로 돌나물은 씻어서 물기를 뺀 뒤 초장을 뿌려 먹는데요.
늘 먹던 방식 말고 김치로 한번 담가보세요.
살짝 절인 풋마늘과 오이, 얇게 썬 밤의 식감이 돌나물과 잘 어울린답니다.

READY | 4인분

필수 재료
무(⅓개), 굵은소금(0.9큰술), 풋마늘(3대),
식초(1큰술), 오이(1개), 돌나물(300g), 밤(5개)

양념
보리밥(⅓컵), 멸치다시마육수(⅓컵),
고춧가루(⅓컵), 설탕(0.5큰술),
다진 마늘(0.5큰술), 다진 생강(1작은술),
멸치액젓(3큰술), 매실청(2큰술), 통깨(3큰술)

RECIPE

1 무는 손가락 길이로 썰어 굵은소금(0.1큰술)을 뿌려 30분 정도 절인 뒤 물기를 짜고,

2 풋마늘은 먹기 좋은 크기로 썰어 식초(1큰술), 굵은소금(0.3큰술)을 넣고 30분 정도 절여 물기를 짜고,

TIP: 식초와 소금으로 절이면 풋마늘의 풋내와 매운맛이 없어지고 숨이 죽어 양념이 잘 배요.

3 오이는 무와 같은 크기로 썰어 굵은소금(0.5큰술)에 10분 정도 절여 물기를 짜고,

4 돌나물은 살살 씻어 준비하고,

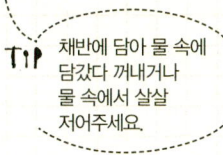

TIP: 채반에 담아 물 속에 담갔다 꺼내거나 물 속에서 살살 저어주세요.

5 통깨를 제외한 모든 **양념**을 믹서에 넣어 갈고,

TIP: 돌나물은 살살 버무려야 풋내가 안 나요. 겉절이처럼 바로 만들어 드세요.

6 절인 무를 양념에 버무린 뒤 풋마늘, 오이, 돌나물, 얇게 썬 밤, 통깨(3큰술)를 넣고 살살 버무려 마무리.

the best recipe 2

향기만으로도 건강해지는 기분이 드는 더덕.
장아찌로 만들어서 두고두고 먹으면 기운을 돋워주는 효자 반찬이 돼요.
더덕 고유의 깊은 내음을 만끽하고 싶다면
흙이 묻어 있는 것을 정성스레 다듬어 만들어보세요.

더덕장아찌

READY | 4인분

필수 재료
더덕(300g), 소금(0.5큰술), 멸치다시마육수(1컵)

양념장
고춧가루($\frac{1}{2}$컵), 고운 고춧가루($\frac{1}{4}$컵), 고추장($\frac{1}{4}$컵), 국간장(2큰술), 다진 마늘(1큰술), 매실청(3큰술), 물엿(0.5큰술)

양념
통깨(약간)

TIP 더덕을 생으로 먹을 땐 연한 제주도 더덕이, 요리할 땐 질감이 좋은 강원도 더덕이 좋아요.

RECIPE

1 더덕은 깨끗이 씻어 껍질을 벗긴 뒤 반으로 갈라 소금물(물 2컵+소금 0.5큰술)에 1시간 정도 담가두고,

2 절인 더덕은 방망이나 밀대로 두드려서 밀고,

3 먹기 좋은 크기로 썰고,

4 멸치다시마육수(1컵)에 더덕을 넣어 데친 뒤 체에 밭쳐 물기를 빼고,

TIP 절인 더덕을 데치지 않고 양념하면 물이 생겨요.

5 더덕을 데친 멸치다시마육수에 **양념장** 재료를 모두 넣어 끓이고,

TIP 양념장을 바글바글 끓여야 장아찌가 쉽게 상하지 않아요.

6 데친 더덕을 보관통에 담고 양념장을 발라가며 켜켜이 쌓아 통깨(약간)를 뿌려 마무리.

TIP 바로 냉장고에 넣어 보관해요.

마늘양파장아찌

마늘은 강력한 항균효과와 항암효과를 갖고 있어요.
또한 혈중의 콜레스테롤을 낮춰 혈액 순환을 촉진시키죠.
새우튀김이나 갈비, 곱창전골 등 콜레스테롤이 높은 음식을 먹을 때
마늘양파장아찌를 곁들인다면 이보다 더 똑똑한 음식 처방이 있을까요?

POINT!
남은 간장물 활용하기

장아찌를 다 먹고 남은 간장물은 식초와 간장을 더 넣어 다시 사용할 수 있어요. 또 숙성된 간장물은 식초나 간장 대신 요리에 사용해도 좋아요.

READY | 4인분

필수 재료
청양고추(10개), 마늘(30쪽), 양파(2개=300g)

간장물
간장(1½컵)+식초(1½컵)+물(2컵)

RECIPE

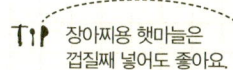
Tip 장아찌용 햇마늘은 껍질째 넣어도 좋아요.

1 보관통에 깨끗이 씻은 청양고추(10개)를 넣고,

2 청양고추 위에 껍질을 깐 마늘을 넣고,

3 양파를 4등분해 마늘 위에 넣고,

4 **간장물**을 만들어 보관통에 붓고 뚜껑을 닫아 마무리.

Tip 장아찌를 담고 3일 뒤 간장물을 따라내 끓여서 식히고 다시 붓는 과정을 3일 간격으로 3번 반복해주세요.

Tip 10일 정도 냉장 숙성한 뒤 드세요.

마늘종장아찌

요리에는 정성이 들어가야 진정한 맛이 전해지는데요.
특히 장아찌의 경우는 기다림이 필요해요.
기본 재료를 삭히는 기다림이 있어야 하고, 양념이 밸 때까지 숙성되는 것을 기다려야 합니다.
저렴한 식재료지만 애정 어린 손길이 느껴지기에 더욱 값진 요리랍니다.

POINT!

마늘종 간장장아찌 만들기

필수 재료 | 4인분
삭힌 마늘종(250g),
삭힌 풋고추(200g)

양념장
간장(1½컵)+멸치액젓(¼컵)+
매실청(1½컵)+
다시마(10×10cm, 5장)

보관통에 삭힌 마늘종과
풋고추를 넣고 **양념장**을 부어
상온에서 10일 정도 숙성시켜
만들어요. 장아찌를 담그고
3일 뒤 간장물을 따라내 끓여서
식히고 다시 붓는 과정을
3일 간격으로 3번 반복해주세요.

TIP 좀 더 순한 맛을 원하면 물(3컵)을 넣어도 좋아요.

TIP 마늘종은 줄기가 곧고 탄력이 있으며 아랫부분이 옅은 녹색을 띠는 것이 좋아요.

READY | 4인분

필수 재료
마늘종(250g), 풋고추(200g)

절임물
소금(¼컵)+물(5컵)+식초(1컵)

양념장
고운 고춧가루(¼컵)+고추장(2컵)+
매실청(⅔컵)+간장(1.5큰술)

양념
통깨(¼컵)

RECIPE

1 마늘종은 5cm 길이로 썰고, 풋고추는 꼭지를 잘라내고.

2 보관통에 마늘종과 풋고추를 담고 **절임물**을 부어 뚜껑을 닫고 상온에서 5일 정도 숙성시키고.

TIP 마늘종을 삼베주머니에 넣어 돌로 누르면 공기 접촉을 막아 상하지 않아요.

3 삭힌 마늘종과 풋고추는 체에 밭쳐 물기를 빼고.

4 **양념장** 재료를 섞고.

TIP 고추장은 염도에 따라 양을 조절하세요

5 양념장에 삭힌 마늘종과 풋고추, 통깨(¼컵)를 넣고 버무려 마무리.

오이김치

오이에 부추를 송송 썰어 넣어 겉절이를 만들어보세요.
씨가 적은 백오이로 만들어야 맛이 더욱 좋아요.
오이를 뜨거운 소금물에 담갔다 건져내면 아삭한 식감을 살릴 수 있답니다.

READY | 4인분

필수 재료
백오이(5개), 소금(½컵), 부추(½단), 붉은고추(2개), 양파(1개), 통깨(2큰술)

양념
고춧가루(1컵)+멸치액젓(½컵)+다진 마늘(1큰술)+다진 생강(1작은술)+사과즙(½개 분량)+매실청(2큰술)

RECIPE

1 백오이는 5cm 길이로 썰어 4등분하고,

2 뜨거운 소금물(물 6컵+소금 ½컵)에 오이를 넣어 20분 정도 두고,

3 부추는 적당한 길이로 썰고, 붉은고추와 양파는 채 썰고,

4 양념 재료를 섞고,

5 절인 오이는 체에 밭쳐 물기를 뺀 뒤 양념을 넣어 버무리고,

6 부추와 양파, 붉은고추, 통깨(2큰술)를 넣고 버무려 마무리.

TIP 겉절이로 금방 만들어 아삭할 때 먹어야 맛있어요. 익은 김치를 좋아한다면 실온에서 반나절 정도 숙성시킨 뒤 냉장 보관하세요.

오징어 섞박지

생물오징어를 살짝 절여 숙성시켰다가 오이와 무를 넣고 무친 김치예요.
살짝 짭조름하면서도 매콤 새콤한 맛에 자꾸만 손이 가는 메뉴지요.
김에 흰 쌀밥과 오징어섞박지를 넣고 돌돌 말면 유명한 충무김밥 안 부러워요.

READY | 4인분

필수 재료
오징어(2마리), 굵은소금(3.5큰술), 무(중간 크기 1개), 청오이(1개), 풋마늘(5개), 양파($\frac{1}{2}$개)

양념
좁쌀($\frac{1}{2}$컵), 사과($\frac{1}{2}$개), 마늘(4쪽), 생강($\frac{1}{4}$쪽), 마른고추(5개), 멸치액젓($\frac{1}{4}$컵), 매실청(1.5큰술), 고춧가루($\frac{1}{2}$컵), 통깨(약간)

RECIPE

1 껍질을 벗긴 오징어는 굵게 채 썰어 굵은소금(1큰술)을 뿌려 하루 정도 냉장 숙성시키고,

TIP 연필 깎듯이 삐쳐 썰어주세요.

2 무는 굵게 삐쳐 썬 뒤 굵은소금(1큰술)을 뿌려 3시간 정도 절여 물기를 빼고,

3 청오이, 풋마늘, 양파는 적당한 크기로 썰어 굵은소금(1.5큰술)에 10분 정도 절이고,

4 냄비에 좁쌀($\frac{1}{2}$컵)과 물(1$\frac{1}{2}$컵)을 넣고 끓인 뒤 약한 불로 줄여 5분 정도 끓인 뒤 좁쌀풀을 만들고,

5 믹서에 사과, 마늘, 생강, 마른고추, 멸치액젓($\frac{1}{4}$컵), 매실청(1.5큰술), 좁쌀풀($\frac{1}{2}$컵)을 넣어 곱게 갈고,

6 무와 오징어에 고춧가루($\frac{1}{2}$컵)를 넣고 버무린 뒤 청오이, 풋마늘, 양파, 믹서에 간 양념, 통깨(약간)를 넣고 버무려 마무리.

TIP 냉장실에서 4~5일간 숙성시켜 드세요.

↑ P126
→ P140

CHAPTER

4

손맛 보양식

↑ P138
→ P124

'약과 음식은 그 근원이 같다'는 약식동원(藥食同源)이라는 말처럼
좋은 음식은 곧 보약과도 같습니다.
손맛 보양식으로 에너지 가득한 건강 밥상을 차려보세요.

돼지고기북어찜

늘 접하는 식재료로 비슷한 음식만 해 먹기 지겹지 않으세요?
흔한 식재료지만 맛과 모양을 새롭게 변신시킨 돼지고기북어찜을 소개해드려요.
돼지고기와 북어를 미리 익힌 후에 조려내는 것이 포인트랍니다.

> **READY** | 8인분
>
> **필수 재료**
> 돼지고기(목살, 300g), 북어(1마리), 녹말가루(약간), 마늘(6쪽), 쪽파(3대), 다진 잣(2큰술)
>
> **밑간**
> 진간장(2큰술), 맛술(1큰술), 매실청(1큰술), 후춧가루(약간)
>
> **양념장**
> 마른 월남고추(10개)+멸치다시마육수(1컵)+고춧가루(2큰술)+진간장(3큰술)+청주(2큰술)+맛술(3큰술)+굴소스(1큰술)+다진 파(2큰술)+다진 마늘(2큰술)+다진 양파(3큰술)+다진 생강(1작은술)+고추장(1큰술)+된장(1큰술)+매실청(3큰술)+물엿(1큰술)+참기름(약간)+후춧가루(약간)

RECIPE

1 돼지고기는 먹기 좋게 썰어 **밑간**의 ½ 분량을 넣어 재우고,

2 손질한 북어는 흐르는 물에 씻어 먹기 좋은 크기로 썰고 남은 밑간을 넣어 버무리고,

3 달군 팬에 식용유(1큰술)를 두르고 재운 돼지고기를 넣어 센 불로 반쯤 익힌 뒤 꺼내고,

> **TIP** 북어를 미리 구우면 조릴 때 살이 부서지지 않아요.

4 북어는 녹말가루(약간)를 묻혀 달군 팬에 식용유(1큰술)를 두르고 중간 불로 지져 꺼내고,

> **TIP** 생선은 살 안쪽부터 구워야 모양이 말리지 않고 예쁘게 구워져요.

5 팬에 **양념장**을 넣고 끓어오르면 익힌 고기와 북어를 넣어 중간 불에서 양념장을 끼얹어가며 조리고,

6 마늘과 송송 썬 쪽파를 올리고 뚜껑을 덮어 약한 불에 3분 정도 익혀 그릇에 담고 다진 잣(2큰술)을 뿌려 마무리.

> **TIP** 마늘이 너무 크면 반 잘라주세요.

닭죽

손님 초대상에 삼계탕을 낼 때 가장 신경 쓰이는 부분이
손으로 닭을 발라 먹는 불편함일 텐데요.
여기 고민을 해결해줄 메뉴가 있어요! 수삼과 감자, 당근을 안심에 말아 푹 익힌 뒤
먹기 좋게 썰어 개인 뚝배기에 담아내면 맛과 영양을 동시에 살린
훌륭한 닭죽 겸 삼계탕이 완성돼요.

RECIPE

> **TIP** 닭은 한 마리를 통째로 핏물을 빼 준비하세요.

READY | 2인분

필수 재료
닭(1마리), 불린 찹쌀(1컵),
감자(2개=120g), 당근(1개=50g),
수삼(2뿌리=70g), 닭안심(200g)

육수 재료
양파(½개), 마늘(7쪽), 생강(2쪽),
대파(25cm), 사과(½개), 대추(5개),
멸치(15마리), 디포리(7마리),
다시마(1장=10×10cm),
파뿌리(5개), 수삼뿌리(5개),
통후추(10알), 청주(약간), 소금(약간)

양념
소금(약간)

1 냄비에 물(10컵)과 **육수 재료**를 넣고 끓으면 닭을 넣고 30분 정도 더 끓이고,

2 삼베주머니에 불린 찹쌀을 넣고,

3 감자는 껍질을 벗겨 2등분하고, 당근(½개)은 감자와 같은 크기로 썰고, 수삼은 잔뿌리를 손질해 5cm 길이로 채 썰고, 남은 당근(½개)도 수삼과 같은 크기로 채 썰고,

4 육수에 감자와 찹쌀삼베주머니를 넣고 뚜껑을 연 상태에서 중간 불로 익히고,

5 감자는 20분, 닭은 30분, 찹쌀은 1시간 정도 익힌 뒤 각각 건져내 닭은 살만 발라내 잘게 찢고 닭 뼈는 국물에 다시 넣어 1시간 정도 더 끓이고,

6 닭안심은 얇게 펴서 채 썬 수삼과 당근을 넣고 돌돌 말고,

7 뚝배기에 닭국물과 닭살, 닭안심수삼말이, 대추를 넣고 뚜껑을 덮어 끓으면 감자, 당근, 찹쌀죽을 넣고 7~8분 정도 더 끓여 마무리.

> **TIP** 소금으로 간을 맞춰요.

가지구이 쇠고기찜

구운 가지에 올린 매콤한 쇠고기양념이 입맛을 자극하는 요리예요.
구운 가지 대신 바게트를 이용하면 와인과 잘 어울리는 이국적인 핑거푸드가 되죠.
오전에 미리 만들어두었다가 저녁 무렵에 맥주 한잔과 즐기기에도 그만이랍니다.

READY | 4인분

필수 재료
가지(3개), 쇠고기(불고기용, 150g), 표고버섯(3개)

양념
다진 양파(5큰술), 다진 마늘(1큰술), 다진 생강(1작은술), 찹쌀가루 갠 것(2큰술), 고운 고춧가루(1큰술), 고추장(3큰술), 멸치다시마육수(½컵), 설탕(0.5큰술), 진간장(0.5큰술), 매실청(1큰술), 물엿(1큰술), 참기름(1작은술), 올리브유(0.5큰술), 후춧가루(약간)

> TIP 찹쌀가루(2큰술)를 찬물(2큰술)에 개어서 사용하세요.

RECIPE

> TIP 겉면이 쪼글쪼글해질 때까지 구워요.

1 가지는 꼭지를 자르지 않고 길게 3등분해 석쇠에 올려 약한 불에서 타지 않게 굽고,

2 쇠고기와 불린 표고버섯은 다지고,

3 팬에 식용유(1.5큰술)를 두르고 다진 양파(5큰술)와 다진 마늘(1큰술), 다진 생강(1작은술)을 볶고,

> TIP 쇠고기를 볶을 때 찹쌀가루 갠 걸 조금 섞어주면 쇠고기가 더 쫀득거려요.

4 마늘과 양파가 어느 정도 익으면 다진 표고버섯을 넣고 센 불로 볶다가 다진 쇠고기와 찹쌀가루 갠 것(2큰술)을 넣어 볶고,

5 고운 고춧가루(1큰술), 고추장(3큰술), 멸치다시마육수(½컵)를 넣어 중약불로 졸이다가 남은 **양념** 재료를 넣고 졸여가며 볶고,

> TIP 먹기 직전에 썰어 드세요.

6 구운 가지에 볶은 양념을 발라가며 속을 채워 마무리.

the best recipe 2

무청홍두깨살장조림

무청을 넣어 깊고 진한 맛을 살린 장조림을 소개합니다.
잘 익은 고기를 결대로 찢어 밥 위에 놓고 조림장과 무청을 넣어 슥슥 비벼 먹으면
'둘이 먹다가 하나가 죽어도 모른다는 게 이런 맛이구나~' 하실 거예요.

READY | 4인분

필수 재료
쇠고기(홍두깨살, 600g), 말린 무청(500g), 마늘(10쪽)

육수 재료
멸치다시마육수(7컵), 청주(3큰술), 얇게 썬 마늘(7쪽 분량), 통후추(15알)

양념
국간장(½컵), 진간장(1컵), 흑설탕(1큰술), 매실청(2큰술)

RECIPE

1 홍두깨살은 토막 내 찬물에 담가 핏물을 제거하고,

> TIP 말린 무청을 사용하면 맛이 더 좋아요.

2 말린 무청은 깨끗이 씻어 물기를 제거한 뒤 7~8cm 길이로 썰고,

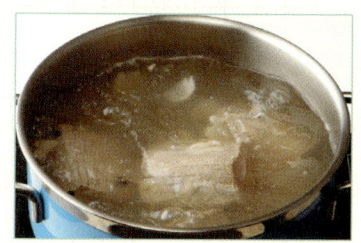

3 냄비에 쇠고기와 **육수 재료**를 넣고 중간 불에서 10분 정도 익혀 고기가 ⅔ 정도 익으면 육수를 걸러내고,

4 익힌 고기는 1cm 두께로 결 반대 방향으로 썰고,

> TIP 조림을 할 때는 반드시 뚜껑을 열고 조려야 잡냄새도 제거되고 윤기가 돌아 맛있어요.

5 냄비에 무청을 깔고 국간장(½컵)과 진간장(1컵)을 섞어 ½ 분량만 넣고 고기를 올려 졸이고,

6 살짝 졸아들면 육수를 넣고 계속 졸이다가 국물이 ⅔ 정도로 줄어들면 남은 간장물과 마늘(10쪽)을 넣고,

7 국물이 ⅓ 정도 남으면 흑설탕(1큰술), 매실청(2큰술)을 넣고 중간 불에서 5분 정도 더 끓여 마무리.

the best recipe 2

부추더덕전

몸에 좋은 더덕과 영양부추를 이용해 건강전을 부쳐보세요.
맛과 향은 말할 것도 없고 더덕의 하얀 빛깔과 영양부추의 푸른색이
대조를 이루면서 보는 즐거움까지 더해준답니다.

READY | 2인분

필수 재료
더덕(100g), 영양부추(80g)

반죽 재료
밀가루(1컵), 물(1½컵), 소금(약간)

초간장
설탕(1작은술)+진간장(2큰술)+물(2큰술)+
식초(1작은술)+후춧가루(약간)

RECIPE

1 더덕은 흙을 씻어내고 꼭지를 잘라낸 뒤 껍질을 돌려 깎고 반으로 갈라 소금물(물 ½컵+소금 약간)에 2분 정도 담가두고,

TIP 더덕 위에 비닐을 덮고 두드리면 지나치게 으깨지는 것을 막을 수 있어요.

2 더덕을 소금물에서 건져 키친타월 위에 올려 방망이로 두드린 뒤 적당한 길이로 썰고,

TIP 자르고 남은 더덕과 부추는 따로 모아뒀다가 반죽에 넣어 둥글게 전을 부쳐도 좋아요.

3 영양부추는 하얀 부분을 2cm 정도 잘라낸 뒤 더덕 길이에 맞춰 썰고,

4 밀가루에 물(1½컵)과 소금(약간)을 넣고 거품기로 잘 저어 반죽을 만들고,

5 더덕에 반죽 옷을 얇게 입혀 식용유를 살짝 두른 팬에 간격을 두고 놓은 뒤 그 사이에 부추를 놓고,

6 반죽을 적당히 전 위에 얹어가며 중간 불에서 노릇하게 부쳐 마무리.

TIP 초간장을 곁들여 드세요.

잣가루대하냉채

살이 통통한 대하는 튀겨 먹거나 그대로 쪄 먹어도 맛있는데요.
조금 특별하게 즐기고 싶다면 아스파라거스와 죽순을 넣어서
폼 나는 냉채요리로 즐겨보는 것은 어떨까요?
대하의 머리를 요리 마지막에 곁들이면 훌륭한 장식효과까지 있답니다.

READY | 2인분

필수 재료
아스파라거스(3개), 오이(1개), 소금(1큰술), 통조림 죽순(100g), 대하(4마리), 다진 잣(2큰술)

소스
설탕(1큰술)+소금(1작은술)+진간장(1작은술)+식초(1.5큰술)+다진 마늘(0.5작은술)+연겨자(1큰술)+꿀(1큰술)+참기름(1작은술)+후춧가루(약간)

양념
올리브유(2큰술), 굵은소금(약간)

RECIPE

1. 아스파라거스는 딱딱한 눈 부분은 제거하고 5cm 길이로 썰어 끓는 물에 데치고,

2. 얼음물에 담갔다 건져 두꺼운 것은 반 가르고,

3. 오이는 어슷 썰고 소금(1큰술)에 10분간 절인 뒤 물에 헹구고,

4. 달군 팬에 올리브유(1큰술)를 두르고 절인 오이를 살짝 볶아 식히고,

TIP 새우 머리는 장식에 사용하니 버리지 마세요.

5. 죽순은 빗살을 살려가며 썰어 끓는 물에 데친 뒤 찬물에 헹구고 올리브유(1큰술)를 두른 팬에 살짝 볶고,

6. 새우는 찜통에 넣고 굵은소금(약간)을 뿌려 3분 정도 찐 뒤 머리를 떼고 껍질을 벗겨 몸통을 반 가르고,

TIP 마지막에 다진 잣(2)을 뿌려주세요.

7. 모든 재료에 **소스**를 넣고 버무린 뒤 그릇에 담고 새우 머리로 장식해 마무리.

장어구이

보양식 하면 제일 먼저 떠오르는 장어.
고칼로리지만 지방의 대부분이 불포화지방산이고 쇠고기의 120배나 되는 비타민 A가 들어 있어요.
비타민 E도 풍부해서 노화방지에 도움이 된다니 즐겨 찾을 수밖에 없겠죠?

RECIPE

> **READY** | 2인분
>
> **필수 재료**
> 장어(2마리=400g), 깻잎(5장)
>
> **장어육수 재료**
> 멸치(3마리), 디포리(2마리), 다시마(1장=5×5cm), 대파(5cm), 대파 뿌리(1개), 양파($\frac{1}{4}$개), 사과($\frac{1}{4}$개), 마늘(2쪽), 생강(1쪽), 레몬($\frac{1}{4}$개), 통후추(3알), 된장(0.5작은술)
>
> **간장 양념장**
> 갈색설탕(2큰술), 소금(0.2작은술), 진간장(1큰술), 청주(1.5큰술), 다진 마늘(1큰술), 다진 생강(0.5큰술)
>
> **고추장 양념장**
> 고운 고춧가루($\frac{1}{2}$컵), 소금(0.5작은술), 멸치액젓(1.5큰술), 고추장(2큰술), 매실청(1.5큰술), 물엿(3큰술), 참기름(1큰술)

1 장어는 먹기 좋게 손질해 살 쪽에 칼집을 넣고 머리와 뼈는 따로 두고,

> TIP 살 쪽에 칼집을 넣어야 익으면서 오그라들지 않아요.

2 냄비에 물(3컵)과 **장어육수 재료**를 넣고 끓으면 장어 뼈와 머리를 넣고 한 번 더 끓인 뒤 국물만 체에 거르고,

3 냄비에 장어육수(2컵)와 **간장 양념장**을 넣고 중간 불로 5분간 끓여 한 김 식히고,

> TIP 참기름은 먹기 직전에 넣어도 좋아요.

4 **고추장 양념장**을 넣고 저어가며 고루 섞어 양념장을 만들고,

> TIP 양념장은 냉장고에서 2~3일간 숙성시키면 훨씬 맛있어요.

> TIP 살쪽이 먼저 바닥으로 가도록 구워주세요.

5 달군 팬에 올리브유를 살짝 두르고 중간 불에서 장어를 앞뒤로 굽고,

6 장어가 반쯤 노릇하게 익으면 양념장을 넣고 장어에 고루 끼얹어가며 자작하게 조리고,

> TIP 장어는 구울 때 오그라드니 다 구워서 상에 내기 직전에 잘라주세요.

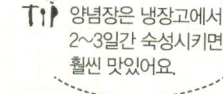

7 가위로 먹기 좋게 잘라 그릇에 담고 깻잎 채를 곁들여 마무리.

장어찜메밀쌈

장어요리는 몸이 허해졌을 때
원기를 보충해주는 보양식으로 사랑받고 있지요.
메밀전병을 곁들였더니 훌륭한 일품요리가 되었어요.
손님 오시는 날 제대로 대접하고 싶을 때
적극 추천하는 메뉴랍니다.

READY | 4인분

필수 재료
장어(2마리=400g), 녹말가루(약간),
셀러리(1대), 대추(5알), 석이버섯(6장), 깻잎(5장)

선택 재료
잣가루(약간)

장어육수 재료
멸치(3마리), 디포리(2마리), 다시마(1장=5×5cm),
대파($\frac{1}{2}$대), 대파 뿌리(1개), 양파($\frac{1}{2}$개),
사과($\frac{1}{2}$개), 마늘(2쪽), 생강(1쪽), 레몬($\frac{1}{2}$개),
통후추(3알), 된장(0.5작은술)

반죽 재료
메밀가루($\frac{1}{2}$컵)+밀가루($\frac{1}{2}$컵)+물(1컵)

양념
흑설탕(1큰술), 진간장(1큰술), 매실청(1큰술),
참기름(1큰술), 물엿(1큰술), 후춧가루(약간)

소스
배($\frac{1}{2}$개), 익힌 마늘(3쪽), 소금(1작은술),
식초(0.5큰술), 레몬즙(1개 분량), 겨자(1큰술),
후춧가루(1작은술)

RECIPE

1 장어는 손질해 3cm 길이로 썰고, 머리와 뼈는 따로 두고,

2 냄비에 물(3컵)과 **장어육수 재료**를 넣고 끓으면 장어 뼈와 머리를 넣고 한 번 더 끓여 국물만 체에 거르고,

3 손질한 장어에 녹말가루를 묻혀 170℃로 달군 식용유(3컵)에 노릇하게 튀기고,

4 약한 불로 달군 팬에 식용유(약간)를 두르고 키친타월로 닦아낸 뒤 **반죽 재료** 2스푼을 올려 지름 5~6cm의 메밀전병을 만들고,

5 팬에 장어육수($\frac{1}{2}$컵), 흑설탕(1큰술), 진간장(1큰술), 매실청(1큰술)을 넣고 끓이고,

TIP 소스는 믹서에 갈아서 만들어요.

6 양념이 끓으면 장어튀김을 넣고 약한 불로 조리다 양념이 졸아들면 참기름(1큰술), 물엿(1큰술), 후춧가루(약간)를 넣어 볶고,

7 셀러리, 대추, 석이버섯, 깻잎은 채 썰고,

8 장어찜을 그릇에 담고 잣가루를 뿌린 뒤 채 썬 채소와 메밀전병, **소스**를 곁들여 마무리.

고등어 김치찜

생물고등어와 신김치를 이용해 만들어요.
국물이 다 없어질 때까지 졸이는 것이 아니라 자박하게 남겨두는 것이 포인트랍니다.
남은 국물에 김가루와 깨소금을 넣어 밥을 비벼 먹어 보세요.
유명음식점 볶음밥 부럽지 않은 메뉴가 탄생해요.

READY | 4인분

필수 재료
고등어(2마리), 무(⅓개=300g), 양파(1개), 대파(50cm), 붉은고추(2개), 청양고추(3개), 김치(½포기), 멸치다시마육수(4컵), 김칫국물(½컵)

밑간
청주(1큰술), 소금(약간), 후춧가루(약간)

양념장
고춧가루(2큰술)+맛술(2큰술)+다진 마늘(2큰술)+다진 생강(2작은술)+고추장(1큰술)+된장(1큰술)+멸치액젓(1큰술)+매실청(2큰술)+물엿(1큰술)+참기름(1큰술)

RECIPE

1 핏물 뺀 고등어는 4등분해 **밑간**하고,

2 무는 큼직하게 썰어 모서리를 돌려 깎고, 양파는 큼직하게 채 썰고, 대파와 붉은고추, 청양고추는 어슷 썰고,

3 김치는 속을 털어내 큼직하게 썰고,

4 **양념장**을 섞어두고,

TIP 국물을 끼얹어가며 끓여주세요.

5 냄비에 무와 양파를 깔고 김치, 고등어, 양념장, 멸치다시마육수(4컵), 김칫국물(½컵) 순으로 넣고 뚜껑을 열고 끓이고,

6 대파, 붉은고추, 청양고추를 넣고 한 번 더 끓여 마무리.

대구샤브샤브

대구는 특유의 시원한 국물 맛 덕분에 매운탕과 맑은탕 모두 사랑받는 생선이죠.
대구샤브샤브는 대구가 통째로 들어가는 대구탕이 아니라,
대구를 잘 손질해 먹기 좋게 포를 떠서 만들어요.
여럿이 식사할 경우 손질된 생선포를 여분으로 준비해두면 좋답니다.

READY | 4인분

필수 재료
대구(중간 크기, 1마리), 양파(1개), 새송이버섯(1개), 배추(⅛포기), 쑥갓(1줌=50g)

선택 재료
어묵(50g)

육수 재료
대파(25cm), 무(⅕개=250g), 양파(1개), 마늘(5쪽), 생강(2쪽), 멸치(8마리), 다시마(1장=10×10cm), 국간장(2큰술), 청주(2큰술), 매실즙(2큰술)

밑간
청주(1큰술), 참기름(1큰술), 후춧가루(약간),

양념
소금(약간), 참기름(1작은술)

양념장
멸치다시마육수(⅓컵)+설탕(1큰술)+진간장(2큰술)+식초(1큰술)+다진 청양고추(1큰술)+다진 붉은고추(1.5큰술)+후춧가루(약간)

TIP 대구는 지느러미를 가위로 잘라내고 머리를 자른 후 뼈 쪽으로 칼집을 넣어 살을 분리해요.

RECIPE

1 냄비에 물(9컵)과 **육수 재료**를 넣고 끓으면 대구 머리와 뼈를 넣어 끓이고,

TIP 손질된 생선포를 구입해도 좋아요.

2 대구살은 결 방향으로 어슷하게 썰어 **밑간**하고,

3 양파, 새송이버섯, 배추, 어묵은 큼직하게 썰고,

4 국물이 끓어오르면 2분 정도 우려낸 뒤 무는 건져 적당한 크기로 썰어두고,

5 끓는 육수에 밑간한 대구살을 넣고 살짝 데쳐 건진 뒤 어묵을 데치고,

6 달군 전골냄비에 쑥갓을 제외한 모든 재료를 담고 채소가 살짝 잠길 정도로 육수를 부어 끓이고,

TIP 양념장을 곁들여 드세요.

7 국물이 끓으면 쑥갓을 넣고 소금(약간), 참기름(1작은술)을 넣고 한 번 더 끓여 마무리.

the best recipe 2

돼지목살수육

돼지고기는 좋은데 기름기가 부담스러워 꺼려졌다면 수육으로 즐겨보세요.
뚝배기를 이용해 간편하게 수육을 만들어봤어요.
잘 익은 김치나 장아찌, 무말랭이 등을 곁들이면 수육과의 궁합이 제대로겠죠?

READY | 2인분

필수 재료
돼지고기(목살, 400g), 대파 흰 부분(20cm), 양파(1개), 통후추(15알), 월계수잎(2장), 마늘(10쪽), 생강(6쪽)

선택 재료
깻잎(5장)

고기 양념
맛술($\frac{1}{2}$컵), 진간장(2큰술), 참기름(1큰술)

RECIPE

1 돼지고기는 큼직하게 토막 내 **고기 양념**에 10분 정도 재우고,

2 대파(10cm)와 양파는 큼직하게 썰어 뚝배기에 담고,

3 재운 돼지고기를 올리고 통후추, 월계수잎, 얇게 썬 마늘과 생강을 고기 위에 얹고,

TIP 젓가락으로 찔러서 핏물이 안 나오면 다 익은 거예요

4 물($\frac{1}{2}$컵)을 붓고 뚜껑을 덮어 중간 불에서 7분, 약한 불에서 35분 정도 익히고,

5 고기를 먹기 좋은 크기로 썰어 그릇에 담고 가늘게 채 썬 대파(10cm)와 깻잎을 곁들여 마무리.

코다리찜

코다리는 명태를 15일 정도 건조시켜 반쯤 말린 것을 말하는데요.
지방 함량이 적고 식감이 쫄깃해 다이어트식으로 아주 좋답니다.
콩나물과 고사리를 듬뿍 넣고 매콤한 찜으로 즐겨보세요. 막걸리 생각이 절로 날 거예요.

READY | 4인분

필수 재료
코다리(2마리), 양파(1개), 대파(50cm), 콩나물(찜용, 100g), 고사리(200g), 밀가루(적당량)

선택 재료
미나리($\frac{1}{3}$단=50g)

밑간
참기름(약간), 후춧가루(약간)

양념장
멸치다시마육수(1컵)+찹쌀가루(1큰술)+새우가루(3큰술)+고운 고춧가루(1큰술)+고춧가루(2큰술)+진간장(3큰술)+청주(2큰술)+다진 마늘(3큰술)+다진 생강(1큰술)+매실청(2큰술)+멸치액젓(3큰술)+고추장(2큰술)+된장(0.5큰술)+물엿(2큰술)+참기름(2큰술)+소금(약간)+후춧가루(약간)

RECIPE

TIP 아구찜이나 미더덕찜 등 각종 찜요리에 활용해도 좋은 양념장이에요. 새우가루는 아욱국이나 아욱죽 등에 넣으면 훨씬 감칠맛이 나고, 각종 요리에 조미료 대신 활용해도 좋아요.

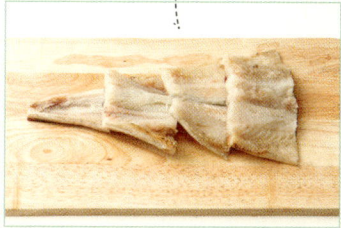

TIP 검은 부분은 쓴맛이 나니 제거하세요.

1 코다리는 가위로 지느러미와 꼬리를 제거한 뒤 5cm 길이로 썰어 **밑간**하고,

2 양파와 대파, 미나리는 큼직하게 썰고, 콩나물은 머리와 꼬리를 제거한 뒤 찬물에 담가두고,

3 고사리는 끓는 물에 살짝 데쳐 찬물에 담가두고, **양념장**을 만들고,

4 밑간한 코다리에 밀가루를 고루 묻히고,

TIP 밀가루를 묻혀 구우면 비린내도 제거되고 더 쫄깃해져요.

5 팬에 식용유를 약간 두르고 코다리를 살 부분이 바닥에 닿도록 올려 중간 불로 굽고,

6 냄비에 고사리→양념장의 $\frac{1}{3}$→구운 코다리→양념장의 $\frac{1}{3}$ 순으로 얹고 뚜껑을 덮어 센 불로 1~2분간 찌고,

7 양파와 콩나물, 대파, 남은 양념장을 넣고 뚜껑을 덮어 김이 올라올 때까지 센 불로 끓이고,

TIP 콩나물이 익기 전까지 뚜껑을 닫아두거나 처음부터 뚜껑을 연 상태로 조리해야 콩나물 비린내가 나지 않아요.

8 미나리를 넣고 국물을 끼얹어가며 한 번 더 끓여 마무리.

굴죽

단백질, 무기질, 비타민, 글리코겐이 풍부해 바다의 우유라 불리는 굴.
굴 특유의 식감과 향 때문에 생굴을 꺼리는 분들이라면
보드랍게 익은 굴이 들어간 굴죽을 추천합니다.

> **READY** | 2인분
>
> **필수 재료**
> 굴(70g), 굵은소금(약간), 브로콜리($\frac{1}{2}$개=60g), 당근($\frac{1}{2}$개), 표고버섯(2개), 불린 쌀(1컵)
>
> **양념**
> 참기름(1큰술), 소금(약간), 후춧가루(약간)

RECIPE

T!P 비린내를 없애기 위한 과정이에요. 굴이 너무 크면 반 잘라주세요.

1 굴은 굵은소금(약간)을 넣은 소금물에 넣고 거품이 나오록 문질러 씻은 뒤 헹궈 체에 받쳐두고,

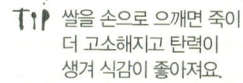
쌀은 물에 30분 정도 불려서 사용하세요.

T!P 쌀을 손으로 으깨면 죽이 더 고소해지고 탄력이 생겨 식감이 좋아져요.

2 브로콜리는 끓는 물에 소금(약간)을 넣고 살짝 데쳐 찬물에 헹구고,

3 당근, 표고버섯, 데친 브로콜리는 작게 썰고,

4 불린 쌀은 손으로 으깨고,

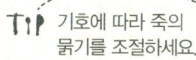
T!P 기호에 따라 죽의 묽기를 조절하세요.

5 달군 냄비에 참기름(0.5큰술)을 두르고 다진 표고버섯을 볶다가 불린 쌀과 소금(약간)을 넣고 물(5컵)을 조금씩 부어가며 한 방향으로 저어 끓이고,

6 죽이 약간 걸쭉해지면 다진 당근을 넣고 젓다가 거품을 걷어낸 뒤 굴을 넣고 살짝 끓이고,

7 다진 브로콜리와 소금(약간), 후춧가루(약간), 참기름(0.5큰술)을 넣고 저어가며 한 번 더 끓여 마무리.

꽃게콩나물 된장찜

단백질 함유량이 높은 꽃게는 살이 부드럽고 연해
성장기 어린이나 회복기 환자, 노인에게 특히 좋은 식품이에요.
꽃게콩나물된장찜은 된장을 넣어 꽃게의 비린 맛을 잡아주었기 때문에
한입 베어 물면 담백함이 배로 전달된답니다.

> 암꽃게는 7~8월이 산란기라 가을에는 살이 없어요. 9~10월은 숫꽃게가 제철이에요. **TIP**

READY | 4인분

필수 재료
꽃게(2마리), 양파(½개), 청양고추(3개), 붉은고추(3개), 청경채(5개), 미나리(100g), 콩나물(150g)

소스
멸치다시마육수(3컵), 다진 마늘(1큰술), 다진 생강(1작은술), 미소된장(2큰술), 된장(2큰술)

양념
청주(1큰술), 소금(약간), 후춧가루(1작은술), 찹쌀가루(3큰술), 참기름(적당량)

RECIPE

1 꽃게는 손질한 뒤 몸통을 4등분하고 다리 끝을 자르고.

2 양파는 채 썰고, 청양고추와 붉은고추는 작게 썰고, 청경채는 반으로 썰고, 미나리는 적당한 길이로 썰고.

3 냄비에 **소스**를 넣고 끓이고.

4 손질한 콩나물을 넣고 뚜껑을 덮어 삶아 건져 두고.

5 소스에 손질한 꽃게를 넣고 청주(1큰술), 소금(약간), 후춧가루(1작은술)를 넣고 섞은 뒤 삶아 건져두고.

6 끓는 소스에 찹쌀가루(3큰술)를 넣고 섞은 뒤 양파와 청경채를 넣어 끓이고.

7 콩나물, 미나리, 고추를 넣어 끓이다가 채소의 숨이 죽으면 후춧가루(약간), 참기름(적당량)을 넣고 꽃게를 올려 마무리.

생새우부추탕

새우만 있으면 부추와 달걀을 이용해서 간단하게 만들 수 있는 국이에요.
손질하고 남은 새우껍질은 버리지 말고 육수를 낼 때 함께 넣어주세요.
새우 특유의 달달하면서도 깊고 진한 국물 맛을 느낄 수 있답니다.

READY | 2인분

필수 재료
생새우(100g), 부추(70g), 달걀(1개), 멸치다시마육수(4컵)

양념
청주(1큰술), 된장(1큰술), 멸치액젓(1작은술), 국간장(1작은술), 소금(약간), 후춧가루(약간)

RECIPE

1 생새우는 머리와 껍질을 떼어 따로 두고, 새우살은 내장을 제거하고,

2 부추는 3cm 길이로 썰고,

3 달걀은 체에 밭쳐 곱게 풀고,

4 냄비에 멸치다시마육수(4컵), 새우껍질과 머리, 청주(1큰술)를 넣고 끓어오르면 새우껍질과 머리를 건져내고,

5 된장(1큰술)을 풀고 새우살을 넣어 센 불에서 1~2분간 끓이고,

6 멸치액젓(1큰술), 국간장(1작은술)을 넣고 달걀물에 적신 부추와 소금(약간), 후춧가루(약간)를 넣고 센 불에서 한 번 더 끓여 마무리.

쇠고기 가지냉채

여름에 냉장실에서 차게 식혀두었다가 먹으면 쇠고기의 부드러우면서 쫄깃한 맛과
가지의 시원한 맛이 잘 어우러지는 요리예요.
파인애플과 키위 등 생과일을 쇠고기와 함께 곁들이면 상큼한 맛에 기분까지 좋아져요.

RECIPE

READY | 2인분

필수 재료
슬라이스 파인애플(2쪽),
쇠고기(홍두깨살, 200g), 가지(2개=340g)

선택 재료
다진 잣(약간), 다진 파슬리(약간)

육수 재료
대파(25cm), 양파(¼개), 마늘(7쪽), 생강(2쪽),
레몬(½개), 간장(¼컵), 청주(3큰술),
통후추(15알), 쇠고기 양지머리(50g)

밑간
청주(0.5큰술), 매실청(1.5큰술)

소스
꿀(¼컵), 설탕(0.5큰술), 소금(0.5작은술),
식초(1작은술), 청주(1큰술),
레몬즙(1개 분량), 고추냉이(1큰술)

TIP 대파, 양파, 레몬은 굵게 썰고, 마늘은 2등분해요.

1 냄비에 물(3컵)과 양지머리를 제외한 **육수 재료**를 넣고 끓으면 양지머리를 넣고 국물이 반으로 줄 때까지 끓인 뒤 체에 밭쳐 육수만 거르고,

TIP 쇠고기를 매실청과 청주에 재워두면 잡냄새가 없어지고 육질이 부드러워져요.

2 파인애플은 4등분하고, 쇠고기는 얇게 썰어 **밑간**하고,

3 가지는 길이로 얇게 썬 뒤 달군 팬에 올려 약한 불로 구워 꺼내고,

4 육수(1컵)와 **소스** 재료를 섞어 냉장고에서 차게 식히고,

5 남은 육수(1컵)에 간장(½컵)을 섞어 끓이다 쇠고기를 넣어 데치고,

6 데친 쇠고기에 소스를 뿌려 냉장고에 넣어 차게 식히고, 가지에도 소스를 뿌려두고,

7 가지 위에 쇠고기와 파인애플을 올려 돌돌 말고 남은 소스를 끼얹은 뒤 접시에 담고 다진 잣과 파슬리를 뿌려 마무리.

the best recipe 2

↑ P182
→ P176

CHAPTER

5

추억이 담긴 밥상

P167
P180

집으로 돌아오는 저녁길, 어디선가 나는 꽈리고추 볶는 냄새에
꼬르륵거리는 배를 달래며 발걸음을 재촉하던 그 때 그 시절….
이제는 추억이 되었지만 가끔은 그 맛이 너무도 그리울 때가 있지요.
푸짐한 고기반찬이 아니어도 함박웃음 지으며 맛있게 먹었던 추억의 밥상을 소개합니다.

김치돌솥비빔밥

김치냉장고 속 한 구석에는 언제나 시어가는 김치가 있게 마련이죠.
매번 전으로 부치거나 찌개로만 만들었다면 돼지고기와 함께 넣고
김치돌솥밥을 지으면 어떨까요?
고기의 느끼함은 사라지고 담백한 맛은 살아 있는
맛깔나는 음식이에요.

> 쌀은 30분 정도 TIP
> 불려주세요.

READY | 4인분

필수 재료
다시마(1장=10×10cm), 돼지고기(목살, 150g), 신김치(¼포기), 단무지(50g), 불린 쌀(4컵)

양념
참기름(1큰술), 다진 마늘(0.5큰술)

양념장
고춧가루(0.5큰술)+진간장(3큰술)+
다시마 우린 물(3큰술)+다진 파(2큰술)+
다진 마늘(0.5큰술)+다진 붉은고추(1큰술)+
다진 청양고추(0.5큰술)+참기름(1큰술)+
후춧가루(약간)+통깨(1큰술)+깨소금(1큰술)

RECIPE

> TIP 다시마 우린 물을 넣으면 감칠맛이 나요.

1 다시마를 찬물(3½컵)에 1~2시간 담가 다시마 우린 물을 만들고,

> 깨소금은 고소한 향을 내주고 통깨는 TIP
> 씹히는 식감과 모양을 살려줘요.

> TIP 돼지고기 대신 통조림 참치를 넣어도 좋아요.

2 돼지고기는 한입 크기로 썰고, 김치는 채 썰고,

3 단무지는 작게 썰고, 불린 다시마는 채 썰고,

4 돌솥에 참기름(1큰술)과 다진 마늘(0.5큰술)을 넣고 볶다가 돼지고기를 넣어 중간 불로 볶고,

> 밥물이 부글부글 끓으면 뚜껑을 열고 1분 정도 끓이다가 TIP
> 뚜껑을 닫고 아주 약한 불에서 20분 정도 익혀 주세요.

> 양념장을 TIP
> 곁들여 드세요.

5 돼지고기가 어느 정도 익고 기름이 배어나오기 시작하면 김치를 넣어 볶고,

6 돼지고기가 반 정도 익으면 불린 쌀(4컵)을 넣어 볶다가 다시마 우린 물(3½컵)을 붓고 뚜껑을 닫아 익히고,

7 다시마와 단무지를 얹고 뚜껑을 닫아 센 불로 끓인 뒤 약한 불로 줄여 7분 정도 뜸을 들여 마무리.

꽈리고추가지찜

가지는 주성분이 당질이지만 칼로리가 낮고 미네랄이 풍부해 다이어트 식재료로 많이 활용되죠.
가지에 적은 비타민은 꽈리고추와 표고버섯을 넣어 보충했고,
단백질과 지방은 돼지고기 목살로 채웠답니다.
구하기 쉬운 식재료로 만든 영양 만점 요리예요.

READY | 2~3인분

필수 재료
가지(2개), 돼지고기(목살, 150g), 불린 표고버섯(2개), 꽈리고추(10개)

소 양념
다진 마늘(2큰술)+다진 생강(1작은술)+미소된장(2큰술)+소금(약간)+후춧가루(약간)+녹말가루(약간)+참기름(약간)

양념
녹말가루(1큰술), 참기름(약간)

소스
마늘(5쪽), 멸치다시마육수(3컵), 맛술($\frac{1}{2}$컵), 흑설탕(1큰술), 진간장(3큰술), 통후추(5알), 녹말물(녹말가루 1큰술+찬물 1큰술)

> TIP 가지는 길이가 짧고 통통한 것이 좋아요.

> TIP 녹말가루를 넣어 찰기가 생겨야 가지에 소를 넣었을 때 떨어지지 않아요. 미소된장 대신 재래된장을 사용할 때는 짜지 않게 양을 조절하세요.

RECIPE

> TIP $\frac{2}{3}$ 부분까지 칼집을 내주세요.

> TIP 녹말가루를 묻히면 소가 떨어지지 않아요.

1. 가지는 적당한 길이로 썰어 십자 모양으로 칼집을 넣고,

2. 돼지고기와 불린 표고버섯은 잘게 다진 뒤 **소 양념**을 넣어 치대고,

3. 가지의 칼집 속에 녹말가루(1큰술)를 묻힌 뒤 양념한 소를 넣고,

> TIP 멸치다시마육수에 마늘 향이 배도록 마늘은 적당히 썰어 넣어주세요.

> TIP 가지에 소스가 잘 배도록 중간 중간 끼얹어주세요.

4. 냄비에 녹말물을 제외한 **소스** 재료를 넣어 끓이고,

5. 소스가 끓으면 가지를 넣어 약한 불로 졸이고,

6. 꽈리고추를 넣고 계속 졸이다가 고추의 숨이 죽으면 녹말물(1큰술)로 농도를 맞춘 뒤 참기름(약간)을 넣어 마무리.

단호박전

단호박은 인슐린 분비기능을 촉진시켜 당뇨에 좋고 비타민이 풍부해 피부미용에도 그만이에요.
속이 노란 단호박을 믹서에 곱게 갈아 쌀가루와 섞어 부쳐보세요.
부침가루로 바삭하게 부친 전과는 다르게 쫀득쫀득한 식감이 살아 있고 예쁜 색감이 입맛을 당긴답니다.

READY | 4인분

필수 재료
단호박(1개)

선택 재료
파슬리(약간), 대추(약간), 깻잎(4장)

반죽 재료
달걀(1개), 쌀가루(⅜컵), 소금(약간)

> TIP 단호박은 상처가 없고 무거우면서 노란빛이 도는 것이 달콤하고 맛있어요.

RECIPE

> TIP 단호박 고유의 맛을 살리려면 갈 때 물을 넣지 않는 것이 좋아요.

1. 단호박은 껍질을 제거해 작게 썰어 믹서에 갈고,

2. 갈아 놓은 단호박에 달걀, 쌀가루(⅜컵), 소금(약간)을 넣어 반죽하고,

3. 적당한 크기로 도톰하게 빚고,

> TIP 파슬리와 꽃모양 대추로 장식해주세요.

4. 달군 팬에 식용유를 넉넉하게 두르고 반죽을 올려 약한 불에서 앞뒤로 노릇하게 굽고,

5. 접시에 깻잎을 깔고 단호박전을 올려 마무리.

the best recipe 2

쑥버무리

READY | 4인분

필수 재료
쑥(300g), 쌀가루(3½컵=400g)

선택 재료
삶은 울타리콩(1컵)

TIP 쌀가루는 멥쌀(1kg)에 소금(0.5큰술)을 넣고 빻아주세요. 기호에 따라 설탕을 넣어도 좋아요.

TIP 울타리콩은 젓가락으로 찔렀을 때 쑥 들어갈 정도로 익혀주세요.

비타민 A가 부족하면 인체에 세균이나 바이러스가 침입했을 때 저항력을 잃기 쉬운데요.
쑥에는 비타민 A가 많아 하루에 80g 정도만 먹어도
하루 섭취해야 할 비타민 A의 양을 모두 충족할 수 있어요.

RECIPE

1 쑥은 잡티를 떼고 깨끗이 씻고,

2 쌀가루와 삶은 울타리콩을 넣어 고루 버무리고,

3 김이 오른 시루나 찜통에 넣고 뚜껑을 닫아 익을 때까지 찌고,

4 젓가락으로 찔렀을 때 가루가 묻어나지 않으면 그릇에 담아 마무리.

잔멸치밥

READY | 4인분

필수 재료
쌀(2컵), 잔멸치(100g), 다시마 우린 물(2½컵)

양념
들기름(2큰술), 청주(1큰술)

양념장
진간장(½컵)+사이다(½컵)+다진 파(3큰술)+다진 고추(1개 분량)+다진 붉은고추(1개 분량)+참기름(1큰술)+후춧가루(약간)+깨소금(2큰술)

TIP 물(2½컵)에 다시마(1장=10×10cm)를 넣어 1시간 정도 우려 만들어요.

늘 먹던 맨밥이 괜히 먹기 싫을 때가 있지요?
반찬도, 찌개도 질려서 손이 안 간다면 별미 비빔밥으로 잃었던 입맛을 되찾아보세요.
잔멸치를 들기름에 고소하게 볶다가 다시마 우린 물로
밥을 지으면 밥 익는 냄새부터가 다르답니다.

TIP 양념장을 만들어 곁들이세요.

TIP 물에 우린 뒤 건져 둔 다시마를 채 썰어 사용해요.

RECIPE

1. 쌀은 씻어서 물에 30분간 불리고,

2. 뚝배기에 들기름(2큰술)과 잔멸치를 넣고 센 불에서 볶다가 중간 불로 줄여 불린 쌀을 넣어 볶고,

3. 다시마 우린 물(2½컵), 청주(1큰술)를 넣고 뚜껑을 덮어 센 불로 6~7분간 끓이고,

4. 끓어오르면 약한 불로 줄여 채 썬 다시마를 넣고 15분 정도 끓여 마무리.

콩나물 비빔밥

남은 찬밥, 어떻게 활용해 드시나요?
콩나물과 뚝배기를 이용해서 갓 지은 듯 콩나물향이 가득 배어나는 밥으로 즐겨보세요.
양념장 넣어 쓱쓱 비비면 반찬이 따로 필요 없어요.
일반 콩나물에 비해 길이가 길고 통통한 찜용 콩나물을 사용하면 좋고요.
다시마 우린 물을 넣으면 훨씬 감칠맛이 살아나요.

READY | 2인분

필수 재료
다시마(1장=10×10cm), 콩나물(150g), 밥(2공기), 무(1토막=50g)

양념장
설탕(약간)+고춧가루(1큰술)+진간장(3큰술)+
다시마 우린 물(3큰술)+다진 파(2큰술)+
다진 마늘(0.5큰술)+다진 붉은고추(1큰술)+
다진 청양고추(1큰술)+참기름(1큰술)+
후춧가루(약간)+통깨(1큰술)+깨소금(1큰술)

RECIPE

1. 다시마는 물(1컵)에 1시간 동안 담가 우리고,

TIP 이미 지어둔 밥을 이용하면 시간이 오래 걸리지 않아 콩나물이 물러지지 않고 아삭해요.

2. 뚝배기 바닥에 콩나물을 적당히 깔고 밥을 넣은 뒤 나머지 콩나물을 올리고,

3. 채 썬 무와 다시마를 얹은 뒤 가장자리에 다시마 우린 물($\frac{1}{4}$컵)을 붓고,

4. 뚜껑을 닫아 중간 불로 10분 정도 익히고,

5. 김이 팍팍 나면 불을 끄고 **양념장**을 곁들여 마무리.

고등어 된장조림

READY | 4인분

필수 재료
고등어(2마리), 고사리(300g),
멸치다시마육수(3컵), 대파(25cm),
풋고추(2개), 붉은고추(1개)

양념장
진간장(1큰술)+맛술(2큰술)+
다진 마늘(2큰술)+다진 생강(0.5큰술)+
된장(1큰술)+미소된장(3큰술)+
참기름(1큰술)+후춧가루(약간)

등푸른생선의 대표주자 고등어. 철분과 비타민이 풍부해 빈혈에 좋고, 두뇌를 발달시키는 DHA 성분이 풍부해 여성과 성장기 아이들에게 좋은 식재료지요. 장을 넣어 조림으로 만들면 국물의 깊은 맛이 남다르답니다.

RECIPE

TIP 햇고사리는 끓는 물에 데쳐 3~4시간 물에 담갔다가 쓰면 더 부드러워요.

TIP 중간 중간 국물을 끼얹어가며 조려주세요.

1 고등어는 어슷하게 토막 내 가운데 칼집을 내고,

2 냄비에 고사리와 **양념장**을 넣고 버무리고,

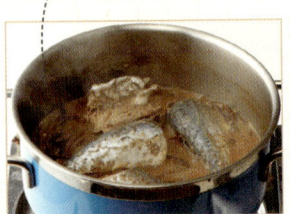

3 멸치다시마육수(3컵)를 붓고 끓이다가 고등어를 넣고 뚜껑을 덮어 중간 불에서 조리고,

4 어슷 썬 대파와 풋고추, 붉은고추를 넣고 한 번 더 조려 마무리.

풋마늘된장무침

READY | 4인분

필수 재료
풋마늘(200g), 소금(약간)

양념장
고추장(1큰술)+된장(1큰술)+참기름(2큰술)+깨소금(2큰술)+통깨(약간)

TIP 풋마늘은 짧고 억세지 않은 걸로 골라주세요.

풋마늘은 '아직 덜 여문 마늘'이라는 뜻으로 마늘통이 굵어지기 전의 어린 잎줄기를 말하는데요.
비타민 C가 풍부할 뿐 아니라 성인병 예방에도 효과적이랍니다.
효능 면에서는 마늘과 별 차이가 없으니 마늘의 아린 맛이나 강한 향이 부담스럽다면
풋마늘을 이용해 건강한 식탁을 차려보세요.

RECIPE

TIP 풋마늘을 비틀지 말고 꼭꼭 눌러 짜야 질겨지지 않아요.

1 풋마늘은 20cm 길이로 썰어 소금(약간)을 넣은 끓는 물에 1분간 데치고,

2 데친 풋마늘은 찬물에 헹궈 물기를 꼭 짠 뒤 4cm 길이로 썰고,

3 **양념장**을 만들고,

4 풋마늘에 양념장을 넣고 조물조물 무쳐 마무리.

the best recipe 2

고추장떡

고추장과 된장을 넣고 부쳐낸 매콤 칼칼한 고추장떡.
얼핏 부침개와 비슷해 보이지만 부침개와는 다른 깊고 진한 맛이 있어요.
대합살을 다져 넣고 꽈리고추와 청양고추로 칼칼한 맛을 살렸는데요.
대합살 대신 김치를 송송 썰어 넣거나 쇠고기를 다져 넣어도 좋아요.

READY | 4인분

필수 재료
영양부추(½단=80g), 부추(¼단=40g),
꽈리고추(6개), 청양고추(4개), 깻잎(20장),
대합살(300g)

반죽 재료
쌀가루(1컵)+밀가루(1컵)+멸치다시마육수(½컵)+
멸치액젓(1큰술)+다진 마늘(1.5큰술)+
고추장(1.5큰술)+된장(1큰술)

RECIPE

1 영양부추와 부추는 2cm 길이로 썰고,

2 꽈리고추와 청양고추는 어슷 썰고, 깻잎은 채 썰고,

3 대합살은 잘게 다지고,

TIP 반죽에 밀가루와 쌀가루를 함께 넣으면 부쳤을 때 모양이 잘 유지되고 식감도 더 바삭해요.

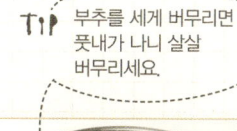

TIP 부추를 세게 버무리면 풋내가 나니 살살 버무리세요.

4 **반죽 재료**를 고루 섞고,

5 반죽에 모든 재료를 넣어 잘 섞고,

6 달군 팬에 식용유를 넉넉히 두른 뒤 반죽을 한입 크기로 올려 약한 불에 앞뒤로 노릇하게 부쳐 마무리.

곤드레밥

곤드레는 밥에 섞으면 양이 부풀려져 예전 보릿고개 때 서민들이
배고픔을 달래기 위해 먹던 음식이라고 해요.
무침이나 볶음으로 해도 좋지만, 이렇게 밥과 함께 지어서
양념장에 슥슥 비벼 먹는 것이 으뜸이에요.

READY | 2인분

필수 재료
쌀(2컵), 곤드레(150g), 감자(2개=120g), 표고버섯(2개), 울타리콩(¼컵), 은행(6개)

양념
들기름(2큰술), 굵은소금(0.5작은술)

양념장
진간장(2큰술)+물(0.5큰술)+
다진 양파(2큰술)+다진 붉은고추(1큰술)+
다진 청양고추(1큰술)+후춧가루(약간)+
깨소금(1큰술)

RECIPE

1 쌀은 깨끗이 씻어 체에 밭쳐 3~4시간 불리고,

2 곤드레는 살짝 잠길 정도의 물을 붓고 센 불에서 20분간 삶아 그대로 식힌 뒤 찬물에 헹구고,

3 감자와 표고버섯은 작게 깍둑 썰고,

4 솥에 들기름(2큰술)을 두르고 곤드레와 굵은소금(0.5작은술)을 넣어 살짝 볶고,

5 불린 쌀(2컵)을 넣어 섞고 쌀이 자작하게 잠길 정도의 물(2컵)을 부은 뒤 감자, 표고버섯, 울타리콩, 은행을 넣어 뚜껑을 덮어 센 불로 끓이고,

Tip 양념장을 곁들여 드세요.

6 밥물이 끓어 오르면 불을 약하게 줄여 10~20분 정도 뜸을 들이듯 익힌 뒤 밥을 잘 섞어 마무리.

꼬막 채소무침

어린 시절, 한쪽 껍질을 떼어 양념장을 올린 꼬막 반찬이 어찌나 맛있던지….
밥상에 오르기도 전에 꼬막부터 열심히 집어 먹어 핀잔을 듣기도 했는데요.
이번에는 꼬막을 삶아 살만 발라내어 여러 가지 채소와 함께 상큼하게 무쳐봤어요.

READY | 4인분

필수 재료
꼬막(600g), 청오이(½개), 도라지(100g), 양파(½개), 깻잎(10장), 잣가루(2큰술)

양념장
설탕(1큰술)+고춧가루(3큰술)+진간장(1큰술)+국간장(1큰술)+맛술(1큰술)+멸치액젓(1큰술)+레몬즙(1개 분량)+다진 마늘(2큰술)+다진 생강(1작은술)+고추장(2큰술)+매실청(2큰술)+물엿(1큰술)+참기름(1큰술)+소금(약간)+후춧가루(약간)+깨소금(3큰술)

RECIPE

1 해감한 꼬막을 냄비에 넣고 물을 자작하게 부어 입을 벌릴 때까지 뚜껑을 덮고 삶은 뒤 살만 발라내고,

2 **양념장**을 만들고,

3 청오이는 어슷 썰어 소금(0.3작은술)에 살짝 절인 뒤 물기를 꼭 짜고,

4 도라지는 끓는 물에 데친 뒤 찬물에 헹궈 물기를 꼭 짜고,

5 양파와 깻잎은 채 썰고,

6 준비한 재료에 양념장을 넣고 버무려 그릇에 담고 잣가루(2큰술)를 뿌려 마무리.

늙은호박범벅

가을 보약이라 할 만큼 영양소가 풍부한 늙은호박.
잎, 줄기, 과실, 그리고 씨까지 어느 것 하나 버릴 것이 없는 알짜 식재료죠.
삶은 울타리콩과 팥을 넣어 늙은호박범벅을 만들었어요. 자꾸만 손이 가는 엄마표 홈메이드 간식이에요.

READY | 5~6인분

필수 재료
늙은호박($\frac{1}{2}$개=450g), 단호박($\frac{1}{2}$개=300g), 무(적당량)

반죽 재료
쌀가루(5컵), 삶은 팥(1컵), 삶은 울타리콩($\frac{1}{2}$컵), 흑설탕($\frac{1}{2}$컵), 갈색설탕($\frac{1}{2}$컵), 소금(약간)

TIP 갈색설탕을 함께 넣으면 너무 달지 않으면서 색이 예쁘게 나요.

RECIPE

TIP 시루가 없을 때는 찜기를 이용하세요.

1 찜기에 물을 담고 물을 묻힌 키친타월로 감싼 뒤 시루를 얹고 빈틈 없이 꼭꼭 눌러주고,

2 늙은호박과 단호박은 껍질을 깎아 적당한 크기로 썰고,

3 찜기에 늙은 호박과 단호박을 넣고 센 불에 올려 김이 올라오면 중간 불로 줄여 호박이 익을 때까지 찌고,

4 늙은호박과 단호박을 으깬 뒤 **반죽 재료**에 넣어 고루 잘 섞고,

5 무를 5mm 두께로 둥글게 썰어 중간 중간 칼집을 낸 뒤 시루 바닥에 깔아 구멍을 막고,

6 반죽을 넣고 면포를 덮어 센 불에서 10분, 중간 불에서 20~30분 찐 뒤 다 익으면 5~10분간 뜸을 들여 마무리.

단호박연근조림

연근은 뿌리채소로는 드물게 비타민 C가 풍부하고
칼륨과 철분, 식이섬유가 풍부해 빈혈, 고혈압 예방에 좋아요.
단호박연근조림은 단호박과 연근, 감자를
조금 크다 싶을 정도로 큼지막하게 자르는 것이 포인트예요.
미리 손질해둔 연근은 식촛물에 담가
변색을 막아주는 것도 잊지 마세요!

TIP 작고 매운 베트남산 고추예요. 매운맛이 싫다면 빼도 좋아요.

READY | 4인분

필수 재료
단호박(½개=700g), 연근(½개), 감자(2개), 마른고추(3개), 마른 월남고추(3개)

양념
들기름(1큰술)

조림장
멸치다시마육수(2컵)+맛술(½컵)+진간장(3큰술)+굴소스(2큰술)+물엿(1큰술)+참기름(1작은술)+후춧가루(약간)

RECIPE

1 단호박은 씨를 뺀 뒤 먹기 좋은 크기로 썰고,

TIP 연근을 미리 손질할 경우 식촛물에 담가야 변색이 덜해요.

2 연근, 감자도 껍질을 벗겨 단호박과 비슷한 크기로 먹기 좋게 썰고,

3 끓는 물에 연근과 감자를 넣고 1~2분간 데친 뒤 체에 받쳐 물기를 빼고,

TIP 감자, 연근은 볶은 뒤 조려야 부서지지 않아요.

4 달군 팬에 식용유(약간)와 들기름(1큰술)을 두르고 마른고추와 마른 월남고추, 연근, 감자를 넣어 센 불에서 볶다가 중간 불로 줄이고,

5 감자가 노릇노릇하게 익으면 **조림장**과 단호박을 넣고 국물이 자작해질 때까지 약한 불에서 조려 마무리.

TIP 뚜껑을 열고 국물을 끼얹어가며 조려야 잡내가 빠지고 윤기가 나요.

동지팥죽

동짓날 가마솥 한가득 팥죽을 끓여 새알심 동동 띄워 맛있게 먹던 기억 있으신가요?
일 년 중 밤이 가장 긴 날인 동지에 온 식구 모여 앉아
이불 뒤집어 써가며 귀신이야기 듣던 그때가 그립습니다.
이번 동지에는 추억 가득 담은 동지팥죽 한 그릇 어떠세요?

RECIPE

READY 5~6인분

필수 재료
팥(300g), 불린 쌀(1컵)

반죽 재료
찹쌀가루(2컵), 멥쌀가루(1컵)

양념
소금(약간)

TIP 처음엔 물을 조금 잡아 끓이다가 첫 물은 버리고 새 물(10컵)을 부어 끓여주세요. 첫 물을 버리는 이유는 설사를 유발하는 성분을 제거하기 위해서예요.

1 냄비에 깨끗이 씻은 팥과 물(10컵)을 넣고 뚜껑을 덮어 센 불에 올리고 끓어오르면 중약 불로 줄여 30~40분 끓이고,

TIP 껍질만 남을 때까지 2~3회 반복해서 으깨야 진한 팥물을 낼 수 있어요.

2 익은 팥을 체에 밭친 뒤 으깨 걸러낸 팥물을 냄비에 붓고, 남은 팥 건더기는 뜨거운 물을 부어가며 다시 으깨는 과정을 2~3회 반복해 팥물을 빼 냄비에 붓고,

TIP 손으로 충분히 치대서 쫄깃하게 반죽해요.

3 찹쌀가루(2컵), 멥쌀가루(1컵)에 뜨거운 물(½컵)을 조금씩 부어가며 되직한 반죽 농도를 맞춘 뒤 손으로 치대고,

4 반죽을 길게 빚어 조금씩 떼어내 손으로 굴려 동그랗게 빚고,

5 불린 쌀(1컵)을 손으로 가볍게 으깨어 팥물에 넣고 끓어오르면 중간 불로 줄여 잘 저어가며 20분 정도 더 끓이고,

6 되직해지면 센 불로 올려 새알심을 하나씩 넣어가며 살살 저어주고,

7 새알심이 떠오르면 소금(약간)으로 간을 해 마무리.

바지락칼국수

철분과 타우린이 많은 바지락은 2~5월에 맛과 영양이 가장 풍부해요.
냄비에 바지락을 넣고 국물이 우러날 때까지 끓여서 육수를 미리 만들어주는 것이 중요합니다.
바지락을 건져 살을 따로 발라내었다가 나중에 넣어야
탱글탱글하면서도 쫄깃한 바지락의 식감을 느낄 수 있어요.

READY | 4인분

필수 재료
바지락(200g), 새우(100g), 애호박($\frac{1}{2}$개=150g), 칼국수면(300g)

선택 재료
부추(1줌=50g), 숙주나물(50g)

양념
소금(약간), 국간장(1작은술), 진간장(1작은술)

양념장
고춧가루(1큰술)+국간장(0.5큰술)+
진간장(1작은술)+다진 마늘(0.5큰술)+
다진 양파(1큰술)+다진 붉은고추(1큰술)+
참기름(약간)+후춧가루(약간)+깨소금(1큰술)

RECIPE

TIP 바지락은 소금물에 담가 검은 비닐봉지를 덮고 3~4시간 동안 해감하세요.

1 냄비에 물(5컵)과 해감한 바지락을 넣어 국물이 우러날 때까지 끓이고,

2 새우는 등 쪽에 칼집을 넣어 반으로 가르고, 바지락은 육수에서 건져 살만 바르고,

3 애호박은 채 썰고, 부추는 먹기 좋은 크기로 썰고, 숙주나물은 머리와 꼬리를 떼고,

TIP 위에 뜨는 거품은 제거해주세요.

4 끓는 육수에 칼국수면을 넣어 끓어오르면 바지락살과 새우를 넣고 소금(약간), 국간장(1작은술), 진간장(1작은술)으로 간하고,

TIP 양념장을 곁들여 드세요.

5 숙주나물과 애호박을 넣고 끓이다가 부추를 넣고 살짝만 더 끓여 마무리.

황태채무청볶음

무청은 철분이 많이 함유되어 있어 빈혈 예방에 좋고,
섬유질이 풍부하기 때문에 변비에도 효과적이에요.
먹기 좋게 자른 황태채를 무청과 함께 볶아낸 황태채무청볶음.
청양고추를 작게 썰어 넣어 짭조름하면서도 매콤한 맛을 살렸어요.

READY : 4인분

필수 재료
무청(150g), 소금(2큰술), 대파(13cm), 마늘(5쪽), 청양고추(1½개), 붉은고추(1개), 황태채(50g), 멸치다시마육수(2컵)

양념
참기름(0.5작은술), 통깨(1큰술)

무청 양념
진간장(1큰술), 멸치액젓(1큰술), 다진 파(1큰술), 다진 생강(0.5작은술), 고추장(1큰술), 된장(0.5큰술), 참기름(0.5작은술), 들기름(1.5큰술), 포도씨유(1큰술), 후춧가루(약간), 깨소금(1.5큰술)

황태채 양념
고춧가루(1큰술), 청주(0.5큰술), 참기름(1큰술), 후춧가루(약간)

RECIPE

TIP 데친 무청을 찬물에 담가두면 쓴맛이 빠져요.

1 무청은 뿌리를 자르고 줄기를 가닥가닥 떼어 끓는 소금물(물 4컵+소금 2큰술)에 데친 뒤 찬물에 1시간 정도 담갔다 건져 물기를 꼭 짜 먹기 좋게 썰고,

2 냄비에 **무청 양념**과 데친 무청을 넣어 고루 버무리고,

3 대파는 어슷 썰고, 마늘은 얇게 썰고, 청양고추와 붉은고추는 작게 썰고,

4 황태채는 가위로 먹기 좋게 잘라 **황태채 양념**을 넣어 버무리고,

5 냄비에 양념한 무청과 마늘을 넣고 센 불에서 볶다가 중간 불로 줄이고 7~8분 뒤 멸치다시마육수를 부어 5분 정도 끓이고,

6 양념한 황태채를 넣어 중간 불로 7~8분간 조리고,

7 국물이 졸아들고 무청에 간이 배면 대파, 고추, 참기름(0.5작은술), 통깨(1큰술)를 넣고 볶아 마무리.

↑ P194
→ P200

CHAPTER

6

손맛 담은 별미 요리

↑ P198
→ P196

같은 식재료라도 조리법에 따라 천차만별의 요리가 탄생 한다는 것, 알고 계시죠?
사시사철 구하기 쉬운 평범한 식재료에 저만의 손맛을 더했어요.
특별한 날 부모님께 대접하기에도 좋고,
소중한 사람과 한껏 분위기를 내기에도 좋은 별미 요리를 소개합니다.

감자전갈빗살구이

음식을 먹을 때 맛도 맛이지만 건강까지 챙길 수 있다면 일석이조겠죠?
육류인 쇠고기는 산성식품이고, 감자는 알칼리성 식품이니 함께 먹으면 좋은 음식궁합이 된답니다.
맛과 영양을 동시에 생각한 효자 메뉴, 참 기특하지요?

RECIPE

TIP 칼등으로 두드리면 고기를 익혔을 때 오그라들지 않아요.

TIP 시판 불고기 양념을 사용해도 좋아요.

1 갈빗살은 키친타월에 30분간 올려 핏물을 빼고 칼등으로 두드린 뒤 **양념장**에 30분간 재우고,

READY | 4인분

필수 재료
쇠고기(갈빗살, 300g), 감자(2개=150g), 고추냉이(1큰술), 녹말가루(1큰술), 대파 흰 부분(10cm)

양념장
진간장(2큰술)+맛술(2큰술)+청주(1큰술)+배즙(2큰술)+다진 마늘(1큰술)+매실청(2큰술)+참기름(약간)+소금(약간)+후춧가루(약간)

발사믹소스
올리브유(2큰술), 양파(1개), 소금(약간), 후춧가루(약간), 발사믹식초(1컵), 꿀(0.5큰술)

TIP 발사믹식초 대신 일반 식초에 레몬즙을 섞어서 사용해도 좋아요.

2 감자는 껍질을 벗겨 채 썬 뒤 찬물에 20분 정도 담갔다 물기를 빼고, 대파는 채 썰어 물에 담가두고,

3 볼에 감자채와 고추냉이(1큰술), 녹말가루(1큰술)를 넣어 버무리고,

4 달군 팬에 올리브유(2큰술)를 두르고 채 썬 양파를 넣고 볶다가 소금(약간), 후춧가루(약간)로 간하고 양파가 어느 정도 익으면 발사믹식초(1컵)를 넣어 25분 정도 걸쭉해질 때까지 조린 뒤 꿀(0.5큰술)을 섞고,

TIP 노릇한 부분이 보이기 시작하면 뒤집어주세요.

TIP 파채는 체에 밭쳐 물기를 제거해 올려요.

5 달군 팬에 양념한 갈빗살을 구워 먹기 좋은 크기로 썰고,

6 달군 팬에 식용유를 넉넉히 두르고 감자채를 올려 약한 불로 굽고,

7 접시에 감자전을 담고 고기 → 발사믹소스 → 파채 순으로 올려 마무리.

노가리조림

애주가들에게 술안주로 사랑받는 노가리는 2~3년 된 어린 명태를 일컬어요.
노가리를 흐르는 물에 살짝 씻어서 구우면 훨씬 부드럽게 즐길 수 있답니다.
녹말가루를 묻혀 노릇하게 먼저 한 번 구워낸 뒤 조리면
알맞게 양념이 배어든 무와 어우러져 매콤하고 쫄깃한 일품 요리가 돼요.

READY | 4인분

필수 재료
무(¼개=250g), 노가리(200g),
녹말가루(적당량), 생강(3쪽=6g), 마늘(7쪽)

조림장
멸치다시마육수(1½컵)+맛술(⅔컵)+
흑설탕(0.5큰술)+고운 고춧가루(1큰술)+
진간장(4큰술)+고추장(0.5큰술)+매실청(2큰술)

양념
포도씨유(2큰술), 소금(약간), 후춧가루(약간),
참기름(1작은술), 통깨(약간)

RECIPE

TIP 모서리를 다듬으면 모양도 예쁘고 조리 중 부서지지 않아 요리가 깔끔해요.

TIP 내장을 제거해야 쓴맛이 안 나요.

TIP 녹말가루를 묻히면 기름이 덜 배고 쫀득한 맛이 나요.

TIP 약한 불에서 살 쪽부터 천천히 지져야 타지 않고 노릇하게 익어요.

1 무는 직사각형 모양으로 썰어 모서리를 둥글게 다듬고,

2 노가리는 대가리를 자르고 반 갈라 뼈, 내장을 제거한 뒤 먹기 좋은 크기로 썰어 녹말가루(적당량)를 고루 묻히고,

3 달군 팬에 포도씨유(1.5큰술)를 넉넉히 두르고 노가리를 약한 불에 노릇하게 지지고,

4 얇게 썬 생강과 마늘을 넣어 함께 지지다가 **조림장**을 넣어 끓이고,

5 조림장이 끓으면 무와 포도씨유(0.5큰술), 소금(약간), 후춧가루(약간)를 넣어 국물이 자작해질 때까지 조리고,

6 참기름(1작은술)을 넣고 섞은 뒤 통깨(약간)를 뿌려 마무리.

the best recipe 2

닭강정

시중에서 판매하는 딱딱한 닭강정은 잊어주세요.
녹말가루를 입혀 노릇하게 지져낸 닭고기에 양념장을 넣고 촉촉하게 조려냈어요.
매콤한 맛을 위한 매운 마른고추는 필수! 식성에 따라서 고추의 개수는 조절하고,
특별히 좋아하는 부위가 있다면 그 부위만으로 만들어도 좋아요.

READY | 4인분

필수 재료
닭고기(1마리=750g), 녹말가루($\frac{1}{2}$컵), 마늘(10쪽)

조림장
진간장($\frac{1}{3}$컵), 멸치다시마육수(1컵), 맛술(1컵),
흑설탕(1큰술), 생강(5쪽=15g), 마른고추(10개),
조청(2큰술), 후춧가루(약간)

양념
포도씨유(적당량), 참기름(약간), 통깨(약간)

> TIP 닭봉이나 닭다리, 닭날개를 사용해도 좋아요.

RECIPE

> TIP 녹말가루를 묻히면 바삭하고 조렸을 때 윤기가 나요.

> TIP 닭은 예열된 식용유에 지져야 튀기지 않아도 노릇하게 잘 익어요.

> TIP 자주 뒤집지 말고 한 면이 익으면 뒤집어서 고루 익혀주세요.

1 닭고기는 토막 내 칼집을 낸 뒤 녹말가루($\frac{1}{2}$컵)를 고루 묻히고,

2 달군 팬에 포도씨유를 넉넉히 두르고 기름이 달궈지면 닭고기를 넣어 앞뒤로 노릇하게 지져 꺼내고,

3 달군 팬에 조청을 제외한 **조림장** 재료를 넣어 끓이고,

> TIP 센 불에서 국물을 끼얹어가며 조려주세요.

4 끓으면 지진 닭고기와 얇게 썬 마늘을 넣어 국물이 자작해질 때까지 조리고,

5 국물이 자작하게 줄면 조청(2큰술)을 넣고 고루 저어가며 조리고 참기름(약간)과 통깨(약간)를 넣어 마무리.

멸치장산적

장산적이란 고기나 생선을 다져 간장에 조리는 전통음식인데요.
저는 곱게 간 멸치가루에 양념재료를 넣어 기름에 부쳐봤어요.
청양고추가 멸치의 텁텁함을 없애주고 칼칼한 뒷맛을 내주는데
청양고추의 매운맛이 부담스럽다면 풋고추를 사용해도 괜찮아요.
멸치 대신 마른새우나 마른 조갯살, 홍합 등으로 다양한 장산적을 만들어보세요.

READY | 5~6인분

필수 재료
멸치(작은 크기, 150g), 풋고추(4개), 청양고추(2개), 밀가루($\frac{1}{4}$컵), 통깨(약간)

반죽 재료
설탕(1큰술), 밀가루(1큰술), 녹말가루(1큰술), 진간장(1큰술), 청주(0.5큰술), 물(2큰술), 다진 파(1.5큰술), 다진 마늘(1큰술), 매실청(1.5큰술), 참기름(1큰술), 깨소금(2큰술), 후춧가루(약간)

조림장
멸치다시마육수($\frac{1}{4}$컵)+맛술($\frac{1}{4}$컵)+진간장(1큰술)+청주(1작은술)+매실청(1.5큰술)+물엿(0.5큰술)+후춧가루(약간)

RECIPE

TIP 멸치를 살짝 볶으면 비린내도 없어지고 수분이 날아가 고소한 맛을 낼 수 있어요.

1 멸치는 달군 팬에 볶은 뒤 믹서에 곱게 갈고,

2 풋고추와 청양고추는 곱게 다지고,

TIP 반죽이 잘 뭉쳐지지 않을 땐 녹말가루와 참기름 양을 조절하고 여러 번 치대주세요.

TIP 매실청이 없으면 설탕이나 물엿을 사용하세요.

3 곱게 간 멸치와 다진 고추에 **반죽 재료**를 넣고 치대고,

4 동그랗게 완자를 빚은 뒤 밀가루를 고루 묻히고,

5 달군 팬에 식용유를 넉넉히 두르고 완자를 올려 약한 불로 타지 않게 굽고,

6 다 구워지면 **조림장**을 넣고 국물을 끼얹어가며 조린 뒤 그릇에 담고 남은 조림장과 통깨(약간)를 뿌려 마무리.

부추돼지안심구이

부추는 기운이 없고 체력이 떨어졌을 때 좋은 강장 채소예요.
부추 잎에 들어 있는 성분이 위나 장을 자극해 소화를 도울 뿐 아니라
살균작용까지 해주기 때문이죠.
잘 익힌 돼지고기 안심에 여러 가지 채소를 넣어 조린 뒤 마지막에
부추를 넣고 살짝 볶아주면 완성! 부추는 너무 오래 볶으면 맛이 덜해지니 주의하세요.

READY | 2인분

필수 재료
돼지고기(안심, 150g), 호부추(½단=60g), 마른고추(2개), 양파(½개), 찹쌀가루(½컵)

밑간
청주(1작은술)+생강즙(1작은술)+매실청(1작은술)+소금(약간)+후춧가루(약간)+참기름(약간)

양념
다진 양파(2큰술), 진간장(0.5큰술), 굴소스(0.5큰술), 매실청(1작은술), 후춧가루(약간), 다진 청양고추(1큰술), 소금(약간), 참기름(약간), 통깨(약간)

TIP 호부추는 길이가 길고 두툼한 것으로 중국부추라고도 해요.

RECIPE

TIP 안심은 돼지고기의 대표적인 저지방 고단백 부위예요. 결이 가늘고 연해 지방이 적으면서도 부드럽고 담백한 맛을 내요. 얼리지 않은 한돈 생고기를 이용해 만들었어요.

1 돼지고기는 먹기 좋은 크기로 썰어 **밑간**에 30분 정도 재우고,

2 호부추와 마른고추는 적당한 길이로 썰고, 양파는 채 썰고,

3 돼지고기에 찹쌀가루(½컵)를 고루 묻히고,

TIP 고기를 약간 덜 익혀야 양념에 조릴 때 간이 잘 배요.

4 달군 팬에 식용유를 넉넉히 두르고 돼지고기를 구워 꺼내고,

5 팬에 식용유(1.5큰술)를 두르고 다진 양파(2큰술)와 마른고추를 볶다가 양파, 고기, 진간장(0.5큰술), 굴소스(0.5큰술), 매실청(1작은술), 후춧가루(약간)를 넣어 조리고,

6 다진 청양고추(1큰술)와 호부추, 소금(약간), 참기름(약간)을 넣고 볶은 뒤 통깨(약간)를 뿌려 마무리.

the best recipe 2

사과소스를 곁들인 육전

손님이 오셨을 때 조금은 격식을 갖추어서
코스요리를 준비해보는 건 어떨까요?
본격적인 요리가 나가기 전에 출출한 속을 달래면서
입맛을 돋울 수 있는 훌륭한 애피타이저로 육전을 소개합니다.
레몬즙과 사과를 갈아 만든 소스는 유자청을 더해
상큼하면서도 향긋한 뒷맛을 선사해요.

READY | 4인분

필수 재료
쇠고기(홍두깨살, 300g), 달걀(4개), 깻잎(7장), 풋고추(3개), 다진 호두(10개 분량), 다진 땅콩(½컵), 통깨(3큰술), 찹쌀가루(2컵), 밀가루(3큰술), 녹말가루(3큰술)

밑간
청주(3큰술), 소금(적당량), 후춧가루(약간),

사과소스
사과(1개), 진간장(1큰술), 식초(1큰술), 다진 마늘(0.5큰술), 다진 잣(2큰술), 레몬즙(1개 분량), 고추냉이(1큰술), 소금(약간), 후춧가루(약간), 유자청(1큰술)

RECIPE

TIP 사과소스는 넉넉하게 만들어 샐러드드레싱으로 활용해도 좋아요.

TIP 채소는 육전의 부침 옷으로 쓰이기 때문에 잘 타지 않도록 잘게 다져주세요.

TIP 육전에는 홍두깨살과 같이 기름기가 적고 담백한 맛을 내는 살코기 부위가 좋아요.

1 쇠고기는 핏물을 제거한 뒤 얇게 썰어 칼등과 칼끝으로 살살 두드려 **밑간**에 30분 정도 재우고,

2 달걀은 풀고, 깻잎은 곱게 다지고, 풋고추는 길이대로 4등분해 곱게 다지고,

3 다진 채소에 다진 호두, 다진 땅콩, 통깨, 찹쌀가루를 넣고 잘 섞고,

TIP 가운데 부분이 부풀어 오르면 속이 잘 익은 거예요.

TIP 그릇에 담고 사과소스를 곁들여 드세요.

4 믹서에 유자청을 제외한 **사과소스** 재료를 넣고 곱게 간 뒤 유자청(1큰술)을 넣고 고루 섞고,

5 밀가루(3큰술)와 녹말가루(3큰술)를 섞어 재운 쇠고기에 묻히고,

6 고기에 달걀물 → 채소와 견과류를 섞은 옷을 입힌 뒤 식용유(5큰술)를 두른 달군 팬에 올려 중간 불에서 노릇하게 구워 마무리

많은 손님을 초대했을 때는 전날에 준비할 것과
당일에 만들 것을 구분해 준비하는 것이 요령인데요.
새우오이말이쌈은 만드는 법이 간단해서 전날에 미리 손질해두면 한결 수월한 요리랍니다.
오이는 소스에 절여놓고 새우를 손질해 베이컨에 말아 냉장 보관하면 준비 끝!
손님 오시는 날, 새우베이컨말이만 간단히 익혀서 절여둔 오이로 말아 장식해서 내보세요.

새우오이말이쌈

READY | 2인분

필수 재료
새우(8마리), 오이(1½개), 베이컨(8장), 밀가루(1큰술)

선택 재료
다진 파슬리(약간), 잣가루(약간)

밑간
청주(¼컵), 매실청(1.5큰술)

오이 양념장
설탕(3큰술)+소금(0.2작은술)+식초(3큰술)+고추냉이(0.2큰술)+후춧가루(약간)

RECIPE

1 새우는 꼬리 부분만 남기고 껍질을 벗긴 뒤 등에 칼집을 넣어 **밑간**에 재워두고.

TIP 감자필러를 사용하면 편해요.
TIP 뒤집어서 간이 잘 스며들도록 해주세요.

2 오이는 얇게 썰어 **오이 양념장**에 재우고.

3 베이컨 위에 새우를 놓고 돌돌 말아 끝 부분에 밀가루(1큰술)를 묻혀 고정시키고.

TIP 190℃로 예열한 오븐에 13~14분간 구워도 좋아요.

4 달군 마른 팬에 새우베이컨말이를 올려 구운 뒤 완전히 식히고.

5 오이 위에 새우베이컨말이를 놓고 돌돌 말고.

6 그릇에 담고 오이 양념장을 끼얹은 뒤 다진 파슬리와 잣가루로 장식해 마무리.

the best recipe 2

낙지볶음과 소면

낙지에는 타우린 성분이 많아 원기보충에 좋고 아미노산이 풍부해 간장기능을 강화시켜줘요.
낙지는 가을과 겨울철에 맛이 제일 좋은데요.
찬바람의 부는 가을 저녁, 낙지에 쇠고기, 버섯까지 골고루 들어간
매콤한 낙지볶음에 소면을 말아서 막걸리 한잔 곁들이면 어떨까요?

READY | 4인분

필수 재료
낙지(3마리=250g), 밀가루(1.5큰술), 쇠고기(100g), 쪽파(10대), 양파(½개), 표고버섯(2개), 팽이버섯(1봉지), 붉은고추(1개), 청양고추(1½개), 소면(100g)

선택 재료
양송이버섯(3개), 쑥갓(50g)

낙지 밑간
고춧가루(1큰술), 진간장(0.5큰술), 청주(0.5큰술), 다진 마늘(1큰술), 매실청(0.5큰술), 후춧가루(약간), 참기름(약간)

쇠고기 밑간
진간장(0.5작은술), 참기름(약간), 후춧가루(약간)

볶음 양념장
다진 파(3큰술), 다진 마늘(1.5큰술), 다진 생강(1작은술), 멸치다시마육수(1컵), 설탕(0.5큰술), 고춧가루(1큰술), 진간장(1큰술), 핫소스(1.5큰술), 고추장(1큰술), 물엿(0.5큰술), 매실청(약간), 녹말물(약간)

양념
굵은소금(약간), 소금(약간), 후춧가루(약간), 참기름(약간)

RECIPE

1 낙지는 손질해 밀가루(1.5큰술)를 넣고 주물러 씻은 뒤 적당한 길이로 잘라 **낙지 밑간**에 버무리고, 쇠고기는 굵게 채 썰어 **쇠고기 밑간**에 버무리고.

TIP 소면을 삶을 때 소금과 식용유를 함께 넣으면 면발이 쫄깃하고 잘 붙지 않아요. 소면을 삶다가 끓어오르면 찬물을 2~3번 부어주세요.

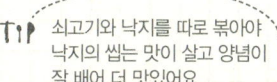

TIP 쇠고기와 낙지를 따로 볶아야 낙지의 씹는 맛이 살고 양념이 잘 배어 더 맛있어요.

2 쪽파는 5cm 길이로 썰고, 양파와 양송이버섯, 표고버섯은 먹기 좋은 크기로 썰고, 팽이버섯은 손으로 밑동을 자르고, 고추는 작게 썰고.

3 끓는 물에 굵은소금(약간)과 식용유(적당량)를 넣고 소면을 삶은 뒤 찬물에 헹궈 돌돌 말고.

4 달군 팬에 팽이버섯을 넣고 숨이 죽을 정도로 볶아 건진 뒤 식용유(1작은술)를 두르고 밑간한 쇠고기와 낙지를 각각 볶아 건지고,

5 달군 팬에 식용유(1작은술)를 두르고 다진 파(3큰술), 다진 마늘(1.5큰술), 다진 생강(1작은술)을 볶다가 녹말물을 제외한 나머지 **볶음 양념장** 재료를 넣고 끓이고,

6 양파와 버섯을 넣고 센 불에서 볶다가 녹말물(약간)을 넣어 농도를 맞추고,

7 쇠고기와 낙지, 쪽파, 팽이버섯, 고추를 넣고 볶고 **양념**으로 간한 뒤 그릇에 담고 쑥갓으로 장식해 마무리.

단호박 견과류찜

단호박의 달착지근한 맛과 견과류의 고소함이 어우러져 입에 착 달라붙는 일품요리예요.
예쁘게 쪄서 조각내 썰면 정성스럽고 고급스러운 자태에 다들 감탄사를 연발하죠.
견과류를 듬뿍 넣어 피부미용과 피로회복, 변비에도 좋아요.
달달한 맛을 좋아한다면 꿀의 양을 늘리거나 시럽, 올리고당을 첨가해서 드세요.

POINT!

단호박 고르기

단호박은 껍질이 초록색이고 윤기가 도는 것, 단단하고 무거운 것이 좋아요. 단호박을 보관할 땐 물로 씻지 말고 마른 수건으로 닦은 후 서늘한 곳에서 보관하는 것이 좋아요.

READY | 2인분

필수 재료
단호박(작은 것 1개=1.5kg), 꿀(5.5큰술), 밀가루(1.5큰술), 밤(6개), 호두(⅓컵), 아몬드(⅓컵), 대추(10개), 잣(⅓컵), 찹쌀가루(1컵)

선택 재료
은행(⅓컵), 울타리콩(1컵)

TIP 좋아하는 다른 견과류를 사용해도 괜찮아요. 견과류는 칼로 다져서 씹히는 식감을 살려주는 게 좋아요.

RECIPE

1 단호박은 뚜껑을 썰어 동그랗게 칼집을 낸 뒤 씨를 빼고,

2 단호박 속에 꿀(2.5큰술)을 골고루 바른 뒤 밀가루(1.5큰술)를 넣고 흔들어 골고루 묻히고,

TIP 눅눅해진 견과류는 전자레인지에 살짝 돌려 수분을 제거해주세요.

3 밤은 먹기 좋게 썰고, 호두와 아몬드는 적당히 다지고, 대추는 돌려 깎아 씨를 뺀 뒤 돌돌 말아 얇게 썰고, 은행은 살짝 데쳐 껍질을 까고, 잣은 고깔을 떼고, 울타리콩은 삶아 건지고,

TIP 젓가락을 찔렀을 때 반죽이 묻지 않으면 다 익은 거예요.

4 준비한 견과류에 찹쌀가루(1컵)와 꿀(3큰술)을 넣고 고루 섞고,

5 단호박에 견과류 속을 채우고 뚜껑을 덮어 김이 오른 찜기에 15분 정도 쪄내고,

6 찐 단호박은 뚜껑을 열고 적당한 크기로 조각내 마무리.

들깨소스 깻잎손칼국수

칼국수는 역시 정성이 듬뿍 들어간 손칼국수지요.
깻잎을 갈아 색을 낸 면과 들깻국물로 맛을 낸 색다른 칼국수예요.
깊은 맛을 위해서 육수는 번거로워도 꼭 멸치다시마육수를 만들어서 사용하세요.
육수와 들깻가루가 어우러져 담백하면서 고소한 국물 맛이 그만이에요.

READY | 4인분

필수 재료
깻잎(10장), 밀가루(중력분, 3컵=300g), 대파(5cm), 붉은고추(약간)

양념
소금(0.5작은술), 포도씨유(1큰술)

들깨소스
멸치다시마육수(6컵), 들깨($\frac{1}{2}$컵), 통깨($\frac{1}{3}$컵)

국물 재료
멸치다시마육수(6컵), 국간장($\frac{1}{4}$컵), 다진 마늘(1큰술), 소금(약간)

TIP 거피들깨를 사용할 경우 체에 밭쳐 들깨 껍질을 제거해주세요.

RECIPE

TIP 국수를 삶을 때 찬물을 2~3번 정도 부어가며 끓이면 면이 더욱 쫄깃해져요.

1 믹서에 깻잎과 물($\frac{1}{2}$컵)을 넣고 간 뒤 밀가루, 소금(0.5작은술), 포도씨유(1큰술)를 섞어 적당히 치대 위생봉투에 담고 냉장고에서 반나절 정도 숙성시키고,

2 숙성시킨 반죽은 밀가루 뿌린 도마에 올려 밀대로 밀어 얇게 썰고,

3 면이 잠길 정도의 끓는 물에 소금(약간)과 포도씨유(약간)를 넣고 면을 삶아 찬물에 헹군 뒤 체에 밭쳐 물기를 제거하고,

TIP 들깻가루를 넣는 것보다 들깨를 직접 믹서에 갈아 넣으면 텁텁하지 않고 더욱 깊은 맛을 낼 수 있어요.

4 **들깨소스** 재료는 믹서에 곱게 갈고, 멸치다시마육수(6컵)에 국간장($\frac{1}{4}$컵)과 다진 마늘(1큰술)을 넣어 끓이다 들깨소스와 어슷 썬 대파를 넣고 소금(약간)으로 간을 맞추고,

5 그릇에 삶은 면을 담고 들깻국물을 붓고 어슷 썬 대파와 붉은고추를 얹어 마무리.

the best recipe 2

쇠고기 가지구이

가지는 수분이 많고 칼로리가 낮아 다이어트에 좋은 채소예요.
특히 가지의 보랏빛 색소는 콜레스테롤을 낮추고 발암물질을 억제해 항암효과가 높다는 사실!
쇠고기를 함께 요리해 가지에 부족한 영양소를 보충했어요.
녹말반죽을 입힌 쇠고기는 반드시 팬에 구운 뒤 조리해야 맛이 살아난답니다.

READY | 4인분

필수 재료
쇠고기(우둔살 또는 홍두깨살, 150g),
가지(1개=150g), 녹말가루(적당량),
마른 월남고추(5개), 대파 흰 부분(10cm),
마늘(5쪽), 피망($\frac{1}{2}$개), 붉은고추(1개),

밑간
후춧가루(약간), 참기름(약간)

반죽
달걀흰자(2개 분량)+녹말물(약간)

양념장
멸치다시마육수($\frac{1}{2}$컵)+진간장(0.5큰술)+
맛술(1.5큰술)+청주(1큰술)+굴소스(1큰술)+
올리고당(0.5큰술)+후춧가루(약간)

양념
찹쌀가루(1큰술), 참기름(약간), 통깨(약간)

RECIPE

1 쇠고기는 굵직하게 썰어 **밑간**하고,

TIP 마른 월남고추가 없다면 청양고추를 굵게 다져 사용하세요.

TIP 팬에 기름 없이 가지를 구워 수분을 없애면 꼬들꼬들하고 쫄깃한 식감이 살아나요.

2 가지는 큼직하게 썰어 달군 팬에 구워 꺼내고,

3 쇠고기는 녹말가루를 앞뒤로 고루 묻힌 뒤 **반죽**에 넣어 튀김옷을 입히고,

4 달군 팬에 식용유를 넉넉히 두르고 쇠고기를 구워 건지고,

TIP 대파 채를 곁들여도 좋아요.

5 달군 팬에 식용유를 살짝 두르고 마른 월남고추와 먹기 좋게 썬 대파를 넣고 약한 불에서 볶다가 얇게 썬 마늘을 넣어 함께 볶고,

6 **양념장**을 넣고 끓어오르면 찹쌀가루(1큰술)를 넣어 섞은 뒤 구운 가지와 고기를 넣고 양념을 끼얹어가며 볶고,

7 적당히 썬 피망과 붉은고추를 넣고 볶은 뒤 참기름(약간), 통깨(약간)를 뿌려 마무리.

콩나물 돼지뒷다리살볶음

돼지고기에는 닭고기나 쇠고기에 비해 우리 몸에 필요한 필수아미노산이 풍부하고,
피로 해소에 도움을 주는 비타민 B_1이 쇠고기의 10배나 들어 있죠.
기름기 적고 담백한 맛이 나는 돼지 뒷다리살을 이용해 폼 나는 일품요리를 만들었어요.

READY | 4인분

필수 재료
돼지고기(뒷다리살, 300g), 콩나물(200g),
붉은피망(1개), 깻잎(3장)

고기 양념장
진간장(2큰술)+맛술(1큰술)+물(3큰술)+물엿(1큰술)+
매실청(1큰술)+후춧가루(약간)

양념
참기름(1.3큰술), 들기름(1.3큰술), 다진 마늘(1큰술),
다진 양파(1큰술), 다진 생강(1작은술), 고춧가루(1큰술),
소금(1작은술)

TIP 매실청이 돼지고기의 잡냄새를 없애고 육질을 부드럽게 하며 소화도 도와줘요.

RECIPE

1 돼지 뒷다리살은 굵게 채 썰어 **고기 양념장**을 넣고 주물러 30분 정도 재우고,

2 콩나물은 찬물에 담가 두었다가 체에 밭쳐 물기를 빼고, 붉은피망은 채 썰고, 깻잎은 돌돌 말아 얇게 채 썰고,

TIP 돼지고기를 들기름에 볶으면 잡냄새를 없애고 식감도 살릴 수 있어요.

3 달군 팬에 참기름(1큰술)과 들기름(1큰술)을 두르고 다진 마늘(1큰술)과 양파(1큰술), 생강(1작은술)을 넣고 볶다가 돼지고기를 넣고 센 불에서 볶고,

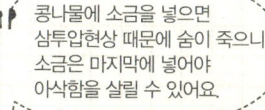

TIP 콩나물은 비린내를 없애고 아삭함을 살리기 위해 따로 볶아주는 게 좋아요.

TIP 콩나물에 소금을 넣으면 삼투압현상 때문에 숨이 죽으니 소금은 마지막에 넣어야 아삭함을 살릴 수 있어요.

TIP 물기가 부족하면 물을 살짝 넣어요.

TIP 그릇에 담고 채 썬 깻잎을 올려주세요.

4 다른 팬을 달궈 참기름(0.3큰술)과 들기름(0.3큰술)을 두르고 콩나물을 살짝 볶다가 뚜껑을 덮어 살짝 익히고,

5 고춧가루(1큰술), 소금(1작은술)을 넣고 볶아 꺼내고,

6 볶은 돼지고기에 콩나물, 피망을 넣어 잘 섞은 뒤 불을 끄고 참기름(약간)을 넣고 섞어 마무리.

the best recipe 2

된장소스 닭고기구이

닭고기는 고단백, 저지방, 저칼로리 식품으로 그중에서도 닭가슴살과 닭안심은
지방이 적고 단백질 함량이 높아 다이어트 식재료로 사랑받고 있죠.
마늘종과 수삼을 닭안심으로 돌돌 말아 익힌 다음 소스를 뿌려낸
된장소스닭고기구이는 손님초대요리뿐 아니라
다이어트식이나 보양식으로도 손색이 없답니다.

RECIPE

READY | 4인분

필수 재료
닭고기(안심, 200g), 감자(3개=200g), 수삼(1뿌리=30g), 마늘종(7대), 호부추(½단=35g), 녹말가루(1큰술)

선택 재료
다진 파슬리(약간)

밑간
맛술(2큰술), 참기름(0.5큰술), 후춧가루(약간)

된장소스
배(¼개), 매실청(⅓컵), 식초(1큰술), 된장(2큰술), 다진 마늘(1큰술), 다진 양파(1.5큰술)

1 닭고기는 먹기 좋게 썰어 얇게 편 뒤 **밑간**하고, 감자는 1cm 두께로 썬 뒤 물에 담가 전분을 빼고,

TIP 수삼은 물에 담근 뒤 솔로 깨끗이 닦아서 사용해요.

2 수삼은 잔뿌리를 잘라낸 뒤 6cm 길이로 썰어 4등분하고, 마늘종과 호부추도 같은 길이로 썰고,

3 밑간한 닭고기에 썰어놓은 수삼과 마늘종을 올려 돌돌 말고,

4 믹서에 배(¼개), 매실청(⅓컵), 식초(1큰술), 된장(2큰술)을 넣고 곱게 간 뒤 다진 마늘(1큰술)과 다진 양파(1.5큰술)를 섞어 **된장소스**를 만들고,

TIP 물을 조금씩 넣어가며 익히면 닭고기가 촉촉하게 고루 익어요.

5 달군 팬에 식용유(약간)를 두르고 닭고기말이를 넣어 약한 불로 굽고,

6 감자에 녹말가루(1큰술)를 묻혀 달군 팬에 식용유(약간)를 두르고 앞뒤로 노릇하게 굽고,

7 그릇에 감자 → 닭고기구이 → 된장소스 → 된장소스에 버무린 호부추 순으로 담고 다진 파슬리(약간)를 뿌려 마무리.

매운찜닭

들깻가루를 넣어 닭의 누린내를 잡고 고소함은 살린 찜닭이에요.
청양고추까지 다져 넣었더니 매콤한 맛이 식욕을 자극하죠.
우엉과 미나리, 콩나물 등 채소도 듬뿍 넣었는데요.
닭을 다 먹고 난 뒤 남은 채소를 잘게 썰어서 밥과 함께 비벼 먹어도 맛있어요.

RECIPE

> **READY** | 4인분
>
> **필수 재료**
> 닭고기(1마리=600g), 청주(0.5큰술), 소금(약간),
> 우엉(200g), 대파(10cm), 미나리($\frac{1}{2}$단),
> 멸치다시마육수(2컵), 찹쌀가루($\frac{1}{3}$컵), 들깻가루($\frac{1}{3}$컵),
> 콩나물(200g), 붉은고추(3개), 청양고추(4개)
>
> **양념장**
> 마른고추(7개), 멸치다시마육수(1컵), 마늘(7쪽),
> 생강(5쪽=15g), 고춧가루(3큰술), 국간장(3큰술),
> 진간장(3큰술), 고추장(2큰술), 된장(1큰술),
> 매실청(2큰술), 후춧가루(약간), 들기름(3큰술),
> 참기름(약간)
>
> **양념**
> 들기름(2큰술), 참기름(약간)

TIP 물에 1시간 정도 담가 핏물을 뺀 뒤 물을 갈고 다시 30분 정도 담가 핏물을 완전히 빼주세요.

1 토막 낸 닭은 물에 담가 핏물을 뺀 뒤 칼집을 넣고,

TIP 끓는 물에 데치면 육질이 쫀득해지고 기름기가 빠져요.

2 냄비에 닭고기가 잠길 정도의 물을 넣고 끓으면 청주(0.5큰술), 소금(약간), 닭고기를 넣어 데친 뒤 찬물에 담갔다 꺼내고,

3 믹서에 마른고추와 멸치다시마육수, 마늘, 생강을 넣고 갈아 나머지 **양념장** 재료와 고루 섞고,

TIP 우엉을 식촛물에 담가두면 갈변을 방지할 수 있어요.

4 닭에 양념장의 $\frac{1}{2}$분량만 넣고 버무려 30분 정도 재우고, 우엉은 껍질을 벗겨 채 썰고, 대파와 미나리도 썰고,

5 냄비에 들기름(2큰술)을 두르고 우엉을 볶다가 재운 닭과 멸치다시마육수(1컵)을 넣고 중간 불에서 10~15분 정도 뚜껑을 닫고 익히고,

TIP 닭을 들기름에 볶으면 냄새가 제거되고 오래 볶아도 고소한 향과 맛이 살아 있어요.

6 멸치다시마육수(1컵)와 찹쌀가루($\frac{1}{3}$컵), 들깻가루($\frac{1}{3}$컵)를 믹서에 갈아 냄비에 콩나물과 함께 넣고 뚜껑을 닫고 익히고,

7 썰어 놓은 채소와 남은 양념장을 모두 넣고 살살 뒤집어가며 익히다 다진 붉은고추와 청양고추를 넣고 참기름(약간)을 넣고 섞어 마무리,

중국식 해물볶음국수

수산시장에 가면 많은 양의 해물을 사와 냉동실에 나눠서 보관하게 되는데요.
이렇게 냉동실로 들어간 해물은 매번 해물탕으로 식탁에 올라오기 마련이에요.
우동면과 색색의 피망, 청경채를 넣어서 산뜻하게 해물볶음국수를 만들어보세요.
쫄깃하면서 짭조름한 우동면발과 해물과의 조화가 환상의 궁합을 이룹니다.

READY | 4인분

필수 재료
우동면(200g), 양파(½개),
붉은피망(½개=60g), 청경채(2개=100g),
표고버섯(3개), 통조림 죽순(½캔=80g),
오징어(1마리), 새우(중하, 3마리)

선택 재료
피망(½개=60g), 대합(1마리)

소스 재료
마늘(3쪽), 생강(2쪽), 마른고추(3개),
진간장(1.5큰술), 굴소스(1.5큰술),
멸치다시마육수(2컵), 월계수잎(1장),
소금(약간), 후춧가루(약간),
녹말물(찬물 2큰술+녹말가루 2큰술),
참기름(약간)

양념
올리브유(적당량)

RECIPE

1 끓는 물에 올리브유(1작은술)를 넣고 우동면을 삶은 뒤 찬물에 헹궈 체에 밭쳐 물기를 빼고,

TIP 청경채 잎 부분은 국수를 담을 때 장식에 쓸 거예요.

2 양파, 피망, 붉은피망, 청경채는 먹기 좋은 크기로 썰고, 표고버섯은 얇게 썰고, 죽순은 끓는 물에 소금을 넣고 살짝 데친 뒤 얇게 썰고,

3 오징어는 칼집을 내 먹기 좋게 썰고, 대합은 창자를 제거하고 씻어 적당히 썰고, 새우는 껍질을 까서 내장을 제거하고,

4 달군 팬에 올리브유(약간)를 두르고 삶은 우동면을 넣어 노릇하게 볶아 꺼내고,

5 달군 팬에 올리브유(약간)를 두르고 얇게 썬 마늘과 생강, 마른 고추를 넣어 볶다가 양파와 죽순, 표고버섯을 넣고 센 불에서 볶고,

6 진간장(1.5큰술)과 굴소스(1.5큰술)를 넣고 2~3분 정도 볶다가 멸치다시마육수(2컵)와 월계수잎을 넣어 끓이고,

7 국물이 끓으면 해물을 넣고 소금, 후춧가루로 간하고 청경채 줄기와 피망을 넣고 녹말물(2큰술)로 농도를 맞춘 뒤 참기름(약간)을 두르고,

8 그릇에 청경채 잎을 깔고 우동면을 담은 뒤 볶은 재료를 얹어 마무리.

the best recipe 2

↑ P223
→ P227

CHAPTER 7

최고의 손맛 비법 &
손님상 차리기

↑ P228
→ P227

요리 강의를 진행할 때 가장 많이 받는 질문 중의 하나가 바로
저의 '손맛 비법'에 대한 게 아닐까 싶어요. 그때마다 손끝이 기억하고 있는 감각과 느낌을
온전히 전달하는 게 참 힘든 일이라는 생각을 했죠.
첫 책을 준비하며 40년간 쌓아온 저만의 요령을 차근차근 정리해봤어요.

최고의 손맛 비법을 밝히다!

한식 요리의 대가 김막업 선생님. 그 동안은 찬찬히 요리 이야기를 들어볼 기회가 많지 않았죠. 선생님의 요리 인생과 손맛의 비결에 대해 솔직하게 이야기를 나눠봤어요.

요리대가 김막업의 40년 요리 인생

Q. 요리를 어떻게 시작하고, 배우셨나요?
자라면서 어머니께서 해주시는 음식들을 맛보며 어깨너머로 배웠지요. 그리고 광주요에 입사하면서 VIP분들을 위한 상차림을 많이 만들다보니 자연스럽게 요리연구를 거듭하게 되었습니다.

Q. 요리를 배우는 가장 좋은 방법은 무엇이라 생각하시나요?
우선 요리라는 것에 많은 애정과 관심을 가지고 있어야 합니다. 그리고 끈기가 중요하겠지요. 레시피를 보고 따라했는데 맛이 생각처럼 잘 나오지 않았다고 해서 실망하지 말고 몇 번이고 자꾸 도전하다 보면 자기만의 요령이 생기게 됩니다. 누군가의 레시피로 그 맛을 내는 것도 중요하지만 자기만의 요리세계를 만드는 것이 제일 중요하지요.

Q. 선생님 요리의 특징을 하나 꼽으라면 어떤 게 있을까요?
모든 요리에 다시마육수를 사용한다는 것입니다. 항상 요리 시작 전에 다시마육수부터 만들어 두고 식재료를 다듬습니다. 조림, 볶음, 탕, 전골 등에 맹물 대신 다시마육수로 요리를 하면 감칠맛도 살아나고 훨씬 깊은 맛을 낼 수 있어요.

Q. 요리를 하면서 가장 힘들었던 점은 무엇인가요?
특별히 힘들었던 점은 없습니다. 다만 많은 손님을 초대했는데 시간에 맞추어서 요리가 완성이 되지 않을 때 마음이 조금 힘들어 지지요.

Q. 최요비에 출연하게 된 계기는?
광주요에서 요리를 강의할 때 직장인이나 주부 등 평범한 수강생 분들도 있었지만 다른 곳에서 요리를 가르치는 요리 선생님들이 제 수업을 들으러 오시는 경우도 많았어요. 그렇게 요리를 하는 분들 사이에서 입소문이 나기 시작한 것 같아요. 어느 날 최요비 쪽에서 출연해달라는 제의가 들어왔습니다.

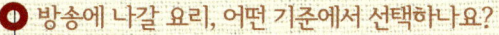

대가의 가정식은 어떤가요?

● **방송에 나갈 요리, 어떤 기준에서 선택하나요?**
보통은 한 주 별로 기본 콘셉트가 정해지지요. 그럼 그 콘셉트에 맞게 제철 식재료를 활용하는 건강식 위주로 메뉴를 구성한답니다.

● **선생님은 평소에 어떤 요리를 자주 만드시나요?**
평소에는 생선요리를 자주 해 먹습니다. 제 고향이 삼천포인데 예전에 삼천포에는 고기가 귀했어요. 주변에서 쉽게 구할 수 있는 식재료로 요리를 하다 보니 자연스럽게 생선요리를 많이 해먹었죠. 지금도 집에서는 생선조림이나 생선을 활용한 전골 요리를 많이 합니다.

● **식구들에게 요리를 만들어 줄 때 가장 중요하게 생각하는 것은 무엇인가요?**
무엇을 만들어 주면 식구들이 좋아할까 하는 생각을 가장 먼저 합니다. 음식은 만드는 사람의 솜씨도 중요하지만 맛있게 먹는 사람들의 모습을 떠올리며 즐겁게 요리하는 것이 가장 중요하지요. 행복한 마음으로 만들어서 정성껏 차린 요리는 식구들도 맛있게 먹을 수밖에 없겠지요.

● **밑반찬은 몇 가지 정도 구비해 두시나요? 꼭 만들어 두는 밑반찬이 있다면 추천해 주세요.**
밑반찬은 철따라 3가지 정도씩 만들어 먹습니다. 특히 칼슘이 풍부해서 전 연령대에 좋은 멸치볶음은 사시사철 단골반찬이라고 할 수 있지요. 그리고 채소를 이용한 장아찌를 한꺼번에 넉넉히 만들어 두고 먹습니다. 깻잎된장장아찌나 한국식 오이장아찌 같은 반찬 말이지요.

● **꼭 구비해 둬야 하는 양념과 식재료를 추천해주세요.**
국물 낼 때 사용하는 국물용 멸치, 디포리, 다시마 등은 꼭 필요합니다. 식재료의 비린내를 제거할 때 유용한 맛술과 청주도 갖추고 있으면 좋지요. 그 외에 제철에 집에서 직접 담근 매실청과 집간장은 주방에 필수적으로 구비해 놓으면 좋습니다.

● **요즘 가장 즐겨 사용하는 식재료는 무엇인가요?**
마른고추, 마른표고버섯 등 말린 식재료를 요리에 많이 사용하고 있습니다. 마른고추의 경우 요리에 넣으면 고추 특유의 매운 감칠맛을 잘 살려주거든요. 그리고 마른표고버섯은 표고버섯이 낼 수 있는 깊고 진한 풍미를 잘 느끼게 해주어 즐겨 사용합니다.

● 요리에 필요한 식재료가 다 구비되어 있지 않을 땐 어떻게 대처하시나요?
우리나라 사람들이 사시사철 즐겨 먹는 김치가 이럴 땐 좋은 효자 식재료로 변신합니다. 김치는 항상 냉장고에 준비되어 있으니 당황하지 않고 김치를 활용해 식재료를 대체하지요. 불고기전골을 만들고 싶은데 양파가 없으면 비슷한 식감을 낼 수 있도록 김치를 채 썰어 넣는 것처럼 활용하면 된답니다.

원 포인트 레슨!

● 요리에 왕도는 없는 건가요? 짧은 시간에 요리 실력을 향상시킬 수 있는 비법이 있다면?
일단 겁을 내지 않고 도전해 보는 정신이 중요합니다. 관심이 가는 메뉴가 있으면 무조건 만들어 보세요. 여러 번 도전하다 보면 금세 실력이 향상됩니다.

● 요리를 가르치면서 제자들에게 가장 강조했던 부분은 어떤 점인가요?
레시피는 참고하되 레시피에 있는 양념을 두 번 내지 세 번으로 나누어서 음식의 간을 보라는 것입니다. 집집마다 된장, 간장, 고추장, 소금 등 구비해 놓은 양념의 염도가 조금씩 다릅니다. 그렇기 때문에 레시피를 보고 똑같이 따라했다고 해도 완전히 같은 맛이 나오지 않기도 하지요. 간을 맞출 때 2~3번에 나누어서 요리를 하면 이런 실수를 줄일 수 있지요. 또 내 기호에 맞는 간을 맞추기에도 좋습니다.

● 요리를 잘 하는 사람과 못 하는 사람의 차이, '손맛'이란 건 무엇일까요?
선천적으로 타고나는 사람도 있긴 하겠지만, 요리는 시간이 흐르면서 만드는 이의 손이 기억하는 것이 굉장히 큽니다. 저라고 처음부터 손맛이라는 것이 턱하니 생겼을까요? 아닙니다. 오랜 시간 칼질을 하고 양념을 하고 음식을 만들어 내면서 그 감각과 느낌을 온전하게 손끝이 기억하는 과정을 겪었기 때문이지요. 재주는 조금 타고났다고 해도 결국에는 한 우물만 파온 결과가 아닐까 싶습니다.

● '이것만 지키면 어느 정도 맛은 보장한다!'고 말 할 수 있는 요리의 법칙이 있다면?
신선한 식재료를 구입하는 것이 제일 중요합니다. 요리의 가장 기본이지요. 몇백 원 절약하려고 시들한 채소를 구입하는 것 보다는 싱싱한 재료로 맛있고 건강한 식탁을 차리는 것이 결국에는 몇백 원 그 이상을 아끼는 길이지요.

- **주부들이 요리를 할 때 가장 많이 하는 실수는 무엇인가요? 어떤 점을 고쳐주고 싶으세요?**
앞서 말씀드렸지만 간을 할 때 한꺼번에 양념을 넣어서 본인도 모르게 짠 음식을 만들게 되는 것이지요. 양념은 조금씩 2~3회에 걸쳐서 넣어주세요. 예를 들어 생선이나 닭고기 등이 심심하면 소스를 찍어 먹는다거나 국물요리의 경우는 취향에 따라 소금 등을 첨가하면 되지만 이미 짜게 만들어진 음식은 처치 곤란이 될 수 있습니다.

- **꼭 배워둬야 할 활용도 만점 요리를 추천해주세요.**
요리라고 말씀드리기는 뭣 하지만 가장 기본적인 대한민국 대표 음식인 김치를 꼭 배워 두라고 권하고 싶습니다. 적당히 익혀서 오래 두고 먹을 수 있는 배추김치부터 금방 만들어서 먹는 겉절이, 그리고 별미 김치 등 책에 실린 내용 정도만 배워 둔다면 솜씨 꽤 있다는 이야기를 들으실 거예요.

- **한 번 배워 두면 다양한 재료로 활용할 수 있는 만능 레시피는 어떤 게 있을까요?**
깻잎장아찌를 추천합니다. 같은 방식으로 채소의 종류를 달리해 장아찌를 담가 먹기에 좋아요. 양파장아찌나 새송이버섯장아찌, 무장아찌로 응용할 수 있습니다. 단독 반찬으로 식탁에 내도 좋고, 수육이나 오리고기 등을 낼 때 곁들이는 채소로 활용하기에도 좋습니다.

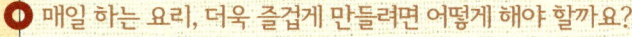

매일 하는 요리, 더 즐겁게 만들 순 없을까요?

- **매일 요리를 하는 주부들에게 해주고 싶은 조언이 있다면?**
식탁을 한번 차려 보았더니 식구들이 잘 먹는다고 해서 같은 메뉴만 반복적으로 하지 마시고 같은 재료라도 다른 방식으로 조리하면서 다양한 메뉴를 스스로 만들어 보았으면 좋겠습니다.

- **매일 하는 요리, 더욱 즐겁게 만들려면 어떻게 해야 할까요?**
음식은 만드는 이의 정성이고 사랑입니다. 어떤 요리사분이 한 방송에 나와서 이런 이야기를 하시더라고요. 본인은 늘 요리를 하면서 마음속으로 '맛있어져라~ 맛있어져라~'하고 주문을 외운다고요. 그만큼 내 요리에 애정을 가지고 있고 내 음식을 먹는 사람들을 생각한다는 것이겠지요. 먹는 이들이 맛있어 하길 바라며 요리를 해보세요. 어느새 정성을 다해 요리를 하고 있는 자신을 발견하게 될 겁니다.

최고의 손님상 차리기

매일 하는 요리지만 특히 더 신경 쓰이는 날이 있어요. 특별한 날이나 손님을 초대한 날은 메뉴를 고르는 것부터 쉽지가 않죠. 이럴 때 요리 솜씨는 물론 센스까지 뽐낼 수 있도록 '최고의 손님상' 차리는 법을 전수해 드릴게요. 한정식부터 안주상까지 다양하게 차릴 수 있도록 책에서 소개한 메뉴들로 세트를 구성해 봤어요. 여기서 아이디어를 얻어 특별한 날 칭찬받을 수 있는 나만의 상차림을 완성해 보세요.

01

메뉴
- 찜닭
- 낙지볶음과 소면
- 단호박전
- 새우오이말이쌈
- 토마토상추겉절이

요리 시작 순서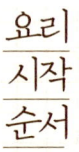
찜닭
↓
새우오이말이쌈
↓
낙지볶음과 소면
↓
토마토상추겉절이
↓
단호박전

상차림 포인트

1. 닭과 단호박, 새우는 미리 준비하세요. 닭은 미리 핏물을 빼두고, 단호박은 믹서에 갈아 수분이 날아가지 않도록 랩으로 감싸 냉장고에 두세요. 새우는 베이컨에 말고 오이는 절여 냉장 보관해두세요.
2. 찜닭은 고추와 참기름을 넣지 않은 상태로 만들어두었다가 상에 올리기 바로 전에 고추와 참기름을 넣고 한 번 더 가볍게 끓여 내세요.
3. 낙지볶음과 겉절이는 미리 만들어두면 물이 나오므로 뒷순서에 만드는 것이 좋아요.
4. 미리 만들어 둔 단호박전 반죽은 손님들이 오시면 냉장고에서 꺼내 바로 부쳐 내세요.

초보주부를 위한 집들이 상차림

결혼하고 처음 맞는 집들이. 초보주부는 요리에 앞서 메뉴 구성부터 어렵기만 하죠. 많은 사람들의 입맛에 맞는 인기 메뉴들로 골라 조금 더 정성스럽고 예쁘게 차려보세요. 만들기 어렵지 않으면서 보기에 근사한 메뉴들을 골라봤어요.

메뉴
- 불고기버섯전골
- 부추돼지안심구이
- 부추더덕전
- 쇠고기가지냉채
- 숙주샐러드

요리 시작 순서
쇠고기가지냉채
↓
숙주샐러드
↓
부추돼지안심구이
↓
불고기버섯전골
↓
부추더덕전

상차림 포인트

1. 재료 손질 전에 멸치다시마육수부터 만들고 시작하세요.
2. 쇠고기가지냉채는 소스를 전날에 미리 만들어 두면 당일 번거롭지 않아 좋습니다. 손님 오시는 날 오전에 쇠고기를 조리해 전날 만든 소스에 담가 두고 가지는 팬에 구워서 따로 두었다가 접시에 예쁘게 담아내면 됩니다.
3. 부추돼지안심구이는 미리 만들어 두었다가 손님이 오셨을 때 데워서 불을 끄고 청량고추를 넣어 살짝 섞은 후 그릇에 담아내세요. 요리를 따뜻하게 즐기면서 칼칼한 감칠맛도 살릴 수 있습니다.
4. 상차림을 할 때 부추더덕전 접시가 들어갈 자리는 비워놓으세요. 재료를 미리 손질해 두었다가 손님이 모두 오시면 전을 부칩니다. 생각보다 부치는데 시간이 많이 걸리진 않아요.

the best recipe 2

마음먹고 차리는 부모님 생신상

올해 부모님 생신엔 외식도 좋지만 부모님이 평소 좋아하시는 요리를 직접 만들어 대접해 드리는 건 어떨까요? 해산물을 좋아하신다면 꽃게와 굴로, 고기요리를 좋아하신다면 가지구이쇠고기찜으로 상을 차려보세요. 푸짐하고 넉넉한 음식들과 함께 마주 앉으면 가족 간의 정도 깊어질 거예요.

03

메뉴
- 굴미역국
- 꽃게콩나물된장찜
- 단호박연근조림
- 사과소스를곁들인육전
- 달래김치

요리 시작 순서
굴미역국
↓
단호박연근조림
↓
달래김치
↓
사과소스를곁들인육전
↓
꽃게콩나물된장찜

상차림 포인트

1. 미역국은 굴과 소금을 넣지 않은 상태로 만들어 두세요. 굴 특유의 시원한 향과 탱글탱글한 맛을 살리려면 상을 차리기 직전에 미역국을 다시 데워 끓으면 준비해둔 굴을 넣고 소금으로 간을 맞춥니다.

2. 사과소스는 오전에 일찍 넉넉히 만들어 두세요. 유리병에 담아 밀봉해 두었다가 육전을 내기 직전에 뿌려줍니다. 남은 소스는 2~3일 동안은 냉장 보관하면서 샐러드드레싱으로 활용하면 좋아요.

3. 꽃게는 손질과정이 복잡하기 때문에 미리 손질해서 냉장실에 넣어두세요. 나머지 재료들도 분량대로 손질하고 소스도 미리 준비해 두었다가 상에 올리기 직전 냄비에 담아 끓여내야 맛을 제대로 즐길 수 있습니다.

04

메뉴
생새우부추탕
가지구이쇠고기찜
고추장떡
잣가루대하냉채
부추콩나물무침

요리 시작 순서
부추콩나물무침
↓
잣가루대하냉채
↓
가지구이쇠고기찜
↓
생새우부추탕
↓
고추장떡

상차림 포인트

1. 잣가루대하냉채는 소스를 따로 만들어 두고 필수 재료들은 레시피에 따라 조리해서 따로 둡니다. 상을 차리기 직전에 소스와 준비한 재료를 버무린 뒤 새우머리와 아스파라거스로 장식하면 모양과 맛을 동시에 살릴 수 있지요.

2. 가지구이쇠고기찜은 큰 접시에 일품요리처럼 담아도 좋고 1인 세팅으로 내어도 좋습니다. 이때 먹기 좋은 크기로 모양이 망가지지 않게 잘 썰어서 담는 것이 중요해요.

3. 생새우부추탕은 미리 만들어둔 멸치다시마육수를 이용하면 빠르게 끓일 수 있어요. 미리 만들어 둔 것이 없다면 육수를 가장 먼저 준비해주세요. 육수는 보통 불을 끄고 2시간 정도 두었다가 국물을 사용해야 하기 때문에 만들어 놓고 다른 재료들을 손질하면 됩니다.

the best recipe 2

어르신들을 위한 몸보신 초대상

요새는 집에서 손님상을 차리는 경우가 많이 줄었지만 지방에 계셔서 자주 뵐 수 없는 집안 어르신이나 외국에 살다가 오랜만에 만난 친척들, 남편 업무차 중요한 손님들이라면 사정이 달라지죠. 집에서 정성껏 차린 건강식으로 몇 년간의 안부 인사를 대신해 보세요. 정성이 가득 들어가야 할 메뉴다 보니 적어도 하루 이틀 전에는 시간의 여유를 갖고 미리 음식 준비를 하는 것이 좋아요.

05

메뉴
- 닭죽
- 장어구이
- 단호박견과류찜
- 사과소스를곁들인육전
- 오징어섞박지
- 돌나물김치

요리 시작 순서
오징어섞박지
↓
돌나물김치
↓
닭죽
↓
장어구이
↓
단호박견과류찜
↓
사과소스를곁들인육전

상차림 포인트

1. 닭죽과 장어구이는 밑 준비를 하는데 시간이 오래 걸리므로 일부 조리과정을 미리 진행해 두는 것이 요리하기 편합니다. 닭죽은 미리 만들어두고 손님이 오셨을 때 1인분씩 따로 뚝배기에 담아 따끈하게 내세요.
2. 장어는 미리 손질해 냉장 보관해 두고 소스도 미리 만들어 둡니다.
3. 오징어섞박지는 상차림을 하기 최소 4~5일 전에 미리 만들어 냉장 보관해 두어야 맛이 제대로 듭니다. 반찬류로 따로 내어도 좋지만 구운 김에 흰쌀밥을 넣어 말아 한입크기로 잘라서 함께 세팅하면 색다르게 즐길 수 있습니다.

06

메뉴
곤드레밥과 쑥국
장어찜메밀쌈
늙은호박범벅
쑥연근전
꼬막채소무침
오이김치

요리 시작 순서
오이김치
↓
늙은호박범벅
↓
꼬막채소무침
↓
장어찜메밀쌈
↓
곤드레밥
↓
쑥국
↓
쑥연근전

상차림 포인트

1. 이 오이김치는 겉절이 느낌으로 먹는 김치로 손님 초대 당일 오전에 만들면 아삭하게 먹기 좋아요. 익은 김치를 좋아한다면 이틀 전에 미리 만들어 실온에서 익힌 후 냉장보관 했다가 상에 담아내면 됩니다.

2. 장어찜메밀쌈은 손이 많이 가는 메뉴지만 재료를 각각 미리 만들어 두면 훨씬 수월하게 완성할 수 있습니다. 메밀전병은 미리 부쳐서 접시에 담아 마르지 않도록 랩으로 감싸 실온에 두세요. 조림용 소스와 샐러드드레싱은 미리 만들어도 상관없으니 각각 만들어 두었다가 조리할 때 활용하세요.

3. 쑥국에 사용할 멸치다시마육수는 하루 전날 미리 만들어서 냉장보관해 두었다가 사용하세요. 당일 오전에 만들어 바로 사용하는 것이 가장 좋지만 손이 많이 가는 메뉴들이 많기 때문에 미리 준비해서 일의 번거로움을 최소화 하는 것이 좋아요.

가벼운 한식 브런치

가볍게 즐기기 좋은 한식 메뉴들로 깔끔하게 차린 브런치 상차림이에요. 여자친구들끼리 즐기는 브런치 메뉴로도 좋고, 은근히 신경 쓰이는 학부모 모임 메뉴로도 좋아요. 친한 친구라면 한두 가지 메뉴는 함께 준비해도 좋겠죠?

07

메뉴
- 김치돌솥비빔밥
- 양배추된장국
- 된장소스닭고기구이
- 연두부파래찜
- 토마토상추겉절이

요리 시작 순서
양배추된장국
↓
토마토상추겉절이
↓
연두부파래찜
↓
김치돌솥비빔밥
↓
된장소스닭고기구이

상차림 포인트

1. 가장 마지막에 만드는 된장소스닭고기구이에 들어가는 된장소스는 토마토상추겉절이를 만들기 전에 미리 만들어 두세요. 이렇게 하면 나중에 감자와 닭고기만 구워내면 되기 때문에 요리가 수월해 집니다.
2. 연두부파래찜은 뚜껑이 있는 1인용 도자기볼을 활용하면 요리가 훨씬 돋보입니다.
3. 토마토상추겉절이는 큰 샐러드볼에, 김치돌솥비빔밥은 돌솥 그대로 식탁위에 차려주세요. 메뉴 수는 많지 않아도 볼륨감 있는 그릇과 요리가 식탁을 꽉 채운 듯한 느낌을 줍니다.

08

| 메뉴 | 잡곡밥과 부추달걀탕
돼지고기북어찜
표고버섯볶음
콩나물겨자채 | 요리
시작
순서 | 표고버섯볶음
↓
콩나물겨자채
↓
잡곡밥
↓
돼지고기북어찜
↓
부추달걀탕 |

상차림
포인트

1 부추달걀탕에 들어가는 멸치다시마육수를 가장 먼저 만들어주세요. 이 육수는 돼지고기북어찜에도 필요하기 때문에 양을 넉넉히 만드는 것이 좋습니다.

2 돼지고기북어찜에 들어가는 마늘은 취향에 따라 가감하셔도 좋습니다. 푹 익은 마늘의 식감을 좋아한다면 북어를 넣고 졸이기 시작할 때 마늘을 함께 넣어서 조리해주세요.

3 표고버섯볶음은 너무 작지 않은 크기로 썰어서 조리해주세요. 따뜻한 샐러드 느낌의 요리이기 때문에 큼지막한 볼에 담아 세팅하는 것이 잘 어울립니다.

the best recipe 2

남편의 기를 살려주는 술상

친구들 또는 직장 동료들 사이에서 남편이 어깨를 쫙 펼 수 있도록 내조의 여왕이 한번 되어 보실래요? 이것저것 많이 차리기보다는 기억에 남을 수 있는 나만의 필살 요리를 꺼내는 것이 좋아요. 술안주는 물론 식사로도 든든히 즐길 수 있는 요리들을 골라봤어요.

09

 메뉴 | 어묵탕
오삼불고기
중국식해물국수볶음
김치전골

요리 시작 순서 | 김치전골
↓
중국식해물국수볶음
↓
오삼불고기
↓
어묵탕

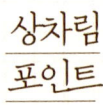 상차림 포인트

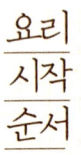

1. 한식과 중식, 일식 느낌의 메뉴로 제대로 남편의 기를 살려주는 술상입니다. 맛있는 요리도 중요하지만 메뉴에 맞는 식기 사용에도 세심한 신경을 써주세요.
2. 오삼불고기를 제외한 메뉴에 기본으로 멸치다시마육수가 들어가니 요리 시작 전에 넉넉히 만들어주는 것 잊지 마세요.
3. 중화풍의 넓은 접시가 없다면 화이트 톤의 접시에 중국식해물국수볶음을 담아내주세요. 깔끔한 느낌의 앞 접시도 함께 세팅하는 것이 포인트입니다.

메뉴	대구샤브샤브 낙지볶음과 소면 콩나물돼지뒷다리살볶음	요리 시작 순서	콩나물돼지뒷다리살볶음 ↓ 대구샤브샤브 ↓ 낙지볶음과 소면

상차림 포인트

1. 대구샤브샤브는 중간에 육수가 모자라지 않도록 더 넣을 양을 넉넉히 만들어두세요.
2. 콩나물돼지뒷다리살볶음과 대구샤브샤브를 세팅할 때는 식탁 위에 전기렌지 또는 휴대용 버너를 올려서 따뜻하게 즐길 수 있도록 합니다.
3. 낙지볶음과 소면은 넓은 접시에 일품요리로 담아도 좋지만 소면을 비벼 먹기에 부담스러울 수 있으므로 깔끔하게 1인 접시에 담아내는 것도 좋은 방법입니다.

the best recipe 2

연말연시 특별한 날 파티 상차림

연말연시에는 가까운 사람들과 갖는 모임도 잦아지죠. 줄기차게 이어지는 외식이 지겹다면 간단한 음식을 준비해 집에서 편하게 즐겨보세요. 파티 음식이라고 어렵게 생각할 필요 없어요. 하나씩 덜어먹을 수 있는 핑거푸드 느낌의 요리들을 뷔페식으로 차려보세요. 파티 상차림에선 무엇보다도 담음새가 중요하니까 요리가 돋보일 수 있는 그릇을 미리 준비해 두는 것도 잊지 마시고요.

11

메뉴
- 닭강정
- 감자전갈빗살구이
- 돼지고기목살수육
- 새우오이말이쌈

요리 시작 순서
새우오이말이쌈
↓
닭강정
↓
돼지목살수육
↓
감자전갈빗살구이

상차림 포인트

1. 새우오이말이쌈에서 오이를 절이는 소스 양을 두 배로 만들어 반은 따로 담아두고 남은 반은 오이를 절여 냉장 보관해주세요. 새우는 베이컨을 말아 익혀서 실온에 놓아두고 마르지 않게 랩핑합니다. 상을 차릴 때 오이를 꺼내 돌돌 말아 1인용 접시에 예쁘게 담아주세요.

2. 감자전갈빗살구이에 들어가는 파채는 넉넉히 만들어서 따로 덜어 놓으세요. 돼지목살수육 세팅 시에 활용합니다.

3. 돼지목살수육은 식혔다가 얇게 썰어 접시에 담고 주변에 파채를 함께 놓습니다. 파채 위에는 따로 담아 두었던 오이절임용 소스를 끼얹습니다.

메뉴
된장소스닭고기구이
쇠고기가지냉채
멸치장산적
잣가루대하냉채

요리 시작 순서
잣가루대하냉채
↓
쇠고기가지냉채
↓
된장소스닭고기구이
↓
멸치장산적

상차림 포인트

1. 일품요리를 준비할 때 수월하게 진행하는 노하우는 메뉴별로 소스를 체크해서 미리 만들어 두는 것입니다. 이번에 구성한 메뉴의 레시피를 잘 살펴보면 답이 나오지요. 우선 잣가루대하냉채는 소스는 따로 만들어 두고 필수 재료는 레시피에 따라 조리해서 따로 둡니다. 상차림을 하기 직전에 소스와 다른 재료를 버무려서 새우머리와 아스파라거스로 장식하면 모양과 맛을 동시에 살릴 수 있어요.

2. 쇠고기가지냉채 역시 소스를 미리 만들어 주세요. 소스를 만든 후 쇠고기를 조리해 소스에 담아 두면 나중에 가지만 팬에 구워서 접시에 담아내면 됩니다. 된장소스닭고기구이에 들어가는 된장소스도 미리 만들어 두고 나중에 감자와 닭고기만 구워내세요.

3. 전은 따뜻할 때가 가장 맛있기 때문에 반죽 재료를 미리 섞어 놓고 먹기 직전에 구워냅니다.

the best recipe 2

한 그릇으로 끝내는 일품 손님상

손님상이라고 해서 항상 거하게 차릴 필요는 없어요. 가까운 지인 3~4명 정도가 모인 자리라면 푸짐하고 든든하게 즐길 수 있는 일품요리 하나에 색다른 밑반찬 한두 가지를 곁들여도 좋아요. 요리 하나가 열 못 하는 똑똑한 메뉴들이랍니다.

추천 일품 요리

- 굴죽
- 바지락칼국수
- 들깨소스깻잎손칼국수
- 중국식해물국수볶음
- 대구샤브샤브

추천 밑반찬	마늘종새우볶음 미나리두부무침 돌나물김치 청경채김치 파프리카물김치

상차림 포인트

1. 파프리카물김치는 살짝 익혀 먹는 것이 맛이 더욱 좋습니다. 상차림 계획이 있다면 2~3일 전에 미리 만들어 실온에 두었다가 적당히 익었을 때 냉장고에 넣어주세요. 좀 더 특별한 손님상을 차리고 싶다면 소면을 삶아 조금만 말아서 물김치 소면으로 내보세요. 식사를 시작하기 전 빈속을 채우기에도 그만입니다.

2. 같은 식재료를 이용해 다른 느낌의 요리를 만들어 한상에 올려 요리 고수의 느낌을 풍겨보세요. 우리나라 음식에는 많이 활용되지 않는 청경채를 이용한 중국식해물볶음과 청경채김치의 한상 세팅이 좋겠네요. 해물과 채소가 우동면과 잘 어우러져 감칠맛을 내는 중국식해물볶음에 상큼한 겉절이풍의 청경채김치로 시선을 사로잡아 보는 건 어떨까요?

3. 칼국수는 육수를 리필용까지 생각해서 넉넉히 만들어 냄비채로 상에 세팅해보세요. 전기렌지나 휴대용 버너를 이용해 온기가 유지되도록 불을 약하게 줄여놓고 먹으면 마지막 순간까지 따뜻하게 즐길 수 있습니다. 칼국수 국물이 남으면 호박, 당근, 양파 등의 자투리 채소를 잘게 다져 찬밥과 함께 넣어 볶음밥으로 즐기면 좋겠네요. 입안을 개운하게 정리해줄 돌나물김치도 곁들여서 말이지요.

the best recipe 2

Index

ㄱ

가지구이쇠고기찜	126
가지냉국	78
감자전갈빗살구이	186
고구마줄기무침	44
고등어김치찜	138
고등어된장조림	166
고등어탕	80
고추장떡	168
곤드레밥	170
굴미역국	76
굴죽	146
김치돌솥비빔밥	156
김치볶음	46
김치전골	70
깻잎나물	20
깻잎장아찌	98
꼬막채소무침	172
꽃게콩나물된장찜	148
꽈리고추가지찜	158

ㄴ

낙지볶음과 소면	200
노가리조림	188
늙은호박범벅	174

ㄷ

단호박견과류찜	202
단호박연근조림	176
단호박전	160
달래김치	94
닭강정	190
닭죽	124
대구샤브샤브	140
더덕장아찌	110
돌나물김치	108
동지팥죽	178
돼지고기북어찜	122
돼지목살수육	142
된장깻잎장아찌	95
된장소스닭고기구이	210
들깨소스깻잎손칼국수	204

ㅁ

마늘양파장아찌	112
마늘종새우볶음	18
마늘종장아찌	114
마른파래무침	22
매운찜닭	212
멸치장산적	192
무말랭이무침	32
무청홍두깨살장조림	128
미나리두부무침	34

ㅂ

바지락칼국수	180
부추달걀탕	77
부추더덕전	130
부추돼지안심구이	194
부추콩나물무침	36
불고기버섯전골	82

ㅅ

사과소스를 곁들인 육전	196
새송이장아찌	90
새우오이말이쌈	198
생새우부추탕	150
생태찌개	72
쇠고기가지구이	206
쇠고기가지냉채	152
쇠고기대파국	84
쇠고기뭇국	58
쇠고기청양고추쌈장	24
숙주나물샐러드	50
시금치무침	26
쑥국	74
쑥버무리	162
쑥연근전	30

ㅇ

양배추된장국	79
어묵탕	60
연두부파래찜	28
열무된장무침	38
열무물김치	100
오삼불고기	40
오색물김치	92
오이김치	116
오이소박이	102
오징어섞박지	118
오징어찌개	62

ㅈ

잔멸치밥	163
잣가루대하냉채	132
장어구이	134
장어찜메밀쌈	136
조갯살아욱국	86
중국식해물볶음국수	214

ㅊ

찹쌀가루꽈리고추멸치볶음	52
청경채김치	104

ㅋ

코다리찜	144
콩나물겨자채	48
콩나물돼지뒷다리살볶음	208
콩나물비빔밥	164
콩탕	64

ㅌ

토마토상추겉절이	54
톳무침	31

ㅍ

파프리카물김치	96
표고버섯깻잎장아찌	106
표고버섯볶음	42
풋마늘된장무침	167

ㅎ

해물된장찌개	66
황태채무침볶음	182
황태채장아찌	97
황태해장국	68